대한민국
에너지 산업
어디로 가는가?

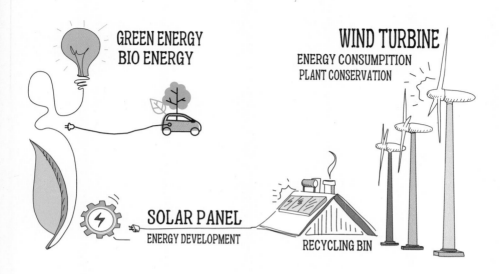

GREEN ENERGY
BIO ENERGY

WIND TURBINE
ENERGY CONSUMPITION
PLANT CONSERVATION

SOLAR PANEL
ENERGY DEVELOPMENT

RECYCLING BIN

대한민국
에너지 산업
어디로 가는가?

신동한 지음

생각비행

에너지 생태계가 변하고 있다

국가 안보에 세 가지 중요한 요소가 있다. 바로 국방, 식량, 에너지다. 국가 운영에 가장 기본이 되는 요소이므로 이들의 운영에 실패하면 곧 국가 위기로 이어진다.

국방이 약하면 전쟁이 일어나 국민들이 목숨을 잃거나 이웃 강대국들에게 끌려다니는 신세가 된다. 식량이 부족하면 외국으로부터 곡물을 수입하거나 굶주림에 시달려야 한다. 그렇다면 에너지가 부족할 경우에는 어떤 일이 벌어질까? 경기도 고양시에서 파주로 이어지는 자유로를 차로 달리다 보면 강 건너로 북한의 민둥산이 보인다. 그렇다. 단적으로 말하자면 딱 그 모습이다. 집집마다 매일 취사와 난방에 필요한 땔감을 마련하려고 들어 인근의 산들은 며칠도 지나지 않아 벌거숭이가 될 것이다.

국가의 운명이 달린 문제인 만큼 세계 각국 정부는 이 세 가지 안

보 요소를 안정적으로 유지하고 강화하는 데 정책의 우선순위를 둔다. 안보의 핵심은 위기가 닥쳤을 때 국가 시스템이 정상적으로 작동할 수 있느냐에 달렸다. 전쟁의 위기에서 국민들의 생명과 재산을 보호하고 피해를 최소화할 수 있는가, 자연재해나 통상 위기 시에 식량강국이나 곡물 메이저의 농단으로부터 최소한의 먹거리를 확보하고 나눌 수 있는가, 화석연료의 가격 급등에 대처할 능력이 있는가, 블랙아웃의 위기를 관리할 수 있는가 등등이 그런 경우라 하겠다.

2016년 우리나라의 1차 에너지 공급 구조를 보면 석탄이 27.8퍼센트, 석유 40.1퍼센트, 천연가스 15.4퍼센트, 원자력 11.6퍼센트, 수력과 신재생에너지가 5.1퍼센트를 차지한다. 약 95퍼센트에 해당하는 화석연료와 원자력을 해외에서 수입한다.

원자력의 연료인 우라늄은 중수로인 월성 1~4호기에 쓰는 천연우라늄을 제외하고는 모두 미국과 영국, 프랑스, 러시아에 농축을 의뢰해야 한다. 이들 핵무기 보유국과의 관계가 틀어지면 경수로의 연료 공급이 중단된다. 그 순간 원전은 필요한 전기는 생산도 못하고 관리 비용은 계속 들어가는 돈 먹는 하마가 된다.

2016년 기준으로 국내에서 생산하는 화석연료는 무연탄 172만

6000톤, 천연가스 11만 8000톤이 전부이다. 무연탄은 강원도 태백과 삼척에서, 천연가스는 울산 앞바다 58킬로미터에 위치한 동해-2 가스전에서 생산한다. 하지만 같은 해 석탄 수입량이 1억 3493만 톤, 천연가스 수입량이 3345만 3000톤인 것에 비하면 국내 생산량은 너무도 미미하여 그저 구색만 갖추었다고 하겠다.

화석연료 중 석탄과 석유의 공급 체계는 이미 완전히 민영화되었다. 공기업으로 석탄공사와 석유공사가 있지만 이들의 역할은 일상적인 수급보다는 비축과 국내 산업 보호, 국내외 자원 개발 등에 있다. 게다가 석탄공사는 영업 손실 누적으로 연차별 정원 감축이 예정되어 있다.

우리나라가 장작과 숯, 식물성 기름이라는 오래된 바이오 연료 시대를 지나 석탄과 석유, 전기라는 근대 에너지를 접한 것은 19세기 말 고종 때였다. 명성황후 시해 사건 이후 러시아 공사관에 몸을 의탁한 고종은 1896년 4월 러시아인 니시첸스키에게 함경도 경성과 경원 지방의 석탄 채굴권을 넘겼다. 석유는 이즈음 남포등과 함께 러시아와 미국에서 들어왔다. 조선에 진출한 석유회사는 미국 시장을 장악한 록펠러의 스탠더드 오일이었다. 전깃불은 에디슨이 백열전등을 발명한 지 불과 8년 만에 도입되었다. 고종은 에디슨전

들어가는 말

기회사에 발주하여 경복궁 내 향원정 연못가에 석탄화력 발전기를 설치(당시로는 동양 최대였다)하고 1887년 3월 6일 건청궁에 16촉광의 백열등을 밝혔다.

그 후로 우리나라의 에너지 산업은 어떻게 발전되어왔을까. 일제 강점기를 거쳐 대한민국 현대사의 격동과 함께한 에너지 산업의 발자취를 지금부터 함께 살펴보자.

신동한

2부
21세기 에너지 산업은 어디로 가는가

1부

우리나라
에너지 산업의 발자취

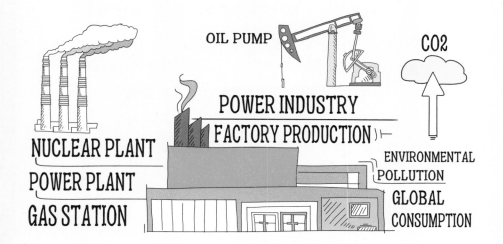

01

근대화의 문을 연 석탄,
역사에서 사라질까

삼국사기에 처음 등장하는 석탄

2016년에 우리나라는 무연탄 942만 4000톤과 1억 1846만 8000톤의 유연탄을 수입하였다. 이 중 4813만 4000톤은 산업 원료로 쓰였고 8003만 9000톤은 발전 연료로 사용하였다. 수입국은 호주와 중국, 인도네시아, 캐나다, 미국, 러시아 등으로 수입은 자유화되어 있다. 발전소나 제철소 등 대량으로 소비하는 곳은 직접 구매에 나선다.

우리나라에서 석탄에 관한 이야기는 《삼국사기》에 처음 나온다. 진평왕 31년(609년) 모자와(모지악) 동토함 산지가 불에 탔다는 기록이다. 동토함 산지는 지금의 경상북도 영일군의 갈탄 지역으로 추정된다. 여느 산불과 달리 노두탄에 불이 붙어 오랫동안 탄 것으로 보인다. 그러다가 1590년 평양관찰사 윤두수가 편찬한 《평양지》에 본격적인 기록이 나온다. "평양성 동쪽 10리 지역 문수봉에 석탄소가 있다. 불이 붙어도 연기가 나지 않으니 무연탄이라 한다." 1730년 《속평양지》에는 "평양부 동쪽 30리쯤 미륵현에 흑토가 있다. 도관찰사 허관이 말하기를 이것이 이른바 석탄이다. 우리가 이것을 사용하지 않는 것은 한탄스러운 일이다."라고 기록되었다. 그러니까 영조 때까지만 해도 석탄은 산지 주민들이 간혹 흙에 개어 연료로 사용하는 수준이었음을 알 수 있다.

1800년대에 이르러 채굴을 업으로 하는 사람이 생겨났고 1885년에는 평양감사가 양단탄전 개발권을 빌려주고 임차료를 받아 국고 수입으로 삼았다. 국내에서도 석탄 산업이 태동한 것이었다.

석탄이 본격적으로 개발된 것은 개항기 제국주의 국가들에 의해서다. 1891년 조선 왕실은 영국의 경비정을 사오기 위해 평양탄전 채굴권을 담보로 독일 마이어 상사가 설립한 세창양행으로부터 은 10만 냥을 빌렸다. 고종은 아관으로 파천해 있던 1896년 4월 러시아인 니시첸스키에게 함경도 경성과 경원 지방의 석탄 채굴권을 주었다. 채굴에 실패한 니시첸스키는 1899년 조선인 김우성과 김익승에게 채굴권을 넘겼으나 이들도 성공하지는 못하였다. 이 지역의 갈탄은 한일병합 이후 일제에 의해 개발된다.

1896년 11월 《독립신문》에는 "The best quality Pengyang and Japanese coal on hand for sale"(최상품 평양 및 일본 석탄 입하)라는 영문 광고가 실렸다. 우리나라에서 처음으로 석탄을 소매 판매한 곳은 서울 정동에서 서양인이 운영하던 고샬기상회로 일본탄을 수입 판매하였다. 진고개에 있던 야마이치상회도 평양과 일본의 석탄을 서울 거주 외국인과 신문물에 밝은 소수의 조선인 부유층에게 팔았다.

1903년 왕실은 직접 탄광 개발에 나섰다. 궁내부 내장경 이용익은 프랑스의 용동상회와 평양 사동 탄광을 합동 개발하여 중국 산동 지방으로 수출하였다. 그러나 왕실 수입이 기대에 미치지 못하고 채굴 과정에서 평양 성곽을 훼손하여 1905년 2월 개발을 중지하였다. 1906년에는 광업법을 제정하여 근대적 광업 개발의 제도를 갖추었다.

1905년 을사늑약으로 사실상 조선을 지배하기 시작한 일제는 1907년 평양 무연탄을 개발하여 해군함의 연료로 사용하였다. 당시 평양 탄광은 대한제국의 사법기관인 평리원의 재판장 민병환이 소유한 풍고회사(실제로는 일본인 메가다가 경영)가 운영하다가 정부 직영(총재는 농상공부 대신 송병준, 재정고문은 메가다)을 거쳐 1910년 한일병합 이후 조선총독부가 직영하였다.

일제가 본격적인 자원 수탈에 나서다

한일병합으로 거칠 것이 없어진 일제는 광업권을 판매하였다. 1915년에는 조선 광업령을 제정하여 한국의 자원 수탈을 위한 제도적 장치를 완비하였다. 이 법의 시행으로 일제는 이미 외국인에게 허가한 광업권(1885년 미국인 모스에게 운산금광을 허가한 것이 최초)은 인정하되 새로운 광업권 취득은 금지하여 일본인의 광업권 취득이 급증한다. 1911년부터 1925년까지 탄광은 443개가 허가되었는데 이 중 조선인이 취득한 건 10퍼센트도 안 되는 41건이었다. 1907년 2000톤에 불과했던 석탄 생산량은 한일병합 당시에는 7만 8000톤으로 약 40배, 1930년에는 88만 4000톤으로 400배 이상 늘었다. 석탄 수요도 늘어서 생산량보다 많은 양의 석탄이 중국과 일본으로부터 수입되었다.

이때의 탄광은 덕대광업으로 채굴하는 경우가 많았다. 조선 시대 광산에서 비롯된 덕대제는 자본과 인력을 가진 덕대가 광업권자와 계약하여 개발하는 방식이다. 덕대는 자기 자본을 갖추기도 했지만 물주가 따로 있는 경우도 있었는데, 1905년 이후 일본인 광산주와 물주가 늘어나면서 덕대는 독립 경영자에서 하청업자로 지위가 떨어졌다.

1931년 만주사변 이후 일제는 국내 탄광 개발에 본격적으로 나섰다. 수입을 밑돌던 국내 석탄 생산량은 1934년에는 169만 7000톤으로 수입량을 넘어섰다. 1937년 중일전쟁으로 군수품 수요가 늘자 조선총독부는 배급 통제 규칙을 제정했고 여기에 석탄도 포함시켰다. 1938년에는 조선 중요 광산물 증산령을 발동하여 강제 개발 명령을 내렸고 이를 이행하지 않으면 광업권을 양도하라고 지시하였다. 당연히 조선인의 광업권을 박탈하는 구실로도 쓰였다.

일제는 여성까지 탄광으로 몰아넣었다. 평안북도 지역에는 여자 갱부가 1200명에 달하였다.

자료: 《매일신보》 1941년 10월 31일자

중일전쟁이 장기화하면서 1939년 총독부는 총동원법에 근거하여 국민 징용령을 공포하는 한편 1940년에는 석탄조합연합회를 통해 전표 배급제를 시행하였다. 태평양전쟁이 한창이던 1944년 2월에는 전면 징용을 실시하고 조선인의 거주 이전을 제한하였다. 수많은 조선인이 일본과 국내의 탄광으로 징용되었다. 어린 학생들까지 소나무 관솔을 수집하라고 산으로 내몰던 일제의 수탈은 1945년 8월 패전으로 막을 내렸다.

우리나라 에너지 산업의 발자취

일본인이 철수하여 무주공산이 된 광산은 강제 징용되었던 광부들 대부분이 귀향하고 생활 물자가 공급되지 않으면서 생산 활동이 사실상 중단되었다. 혼란과 무질서 속에 적산을 차지하려는 모리배들의 술수가 난무하는 시대 상황에서, 각 탄광은 자치위원회를 자생적으로 구성하였다. 좌우를 막론하고 광산 노동자들의 지지를 받는 이들이 위원장을 맡았다. 삼척 탄광의 민족 자본가 출신 이종만(일제 때 대동공전과 대동농촌회 등을 설립하였고 1949년 월북하여 광업부 고문을 역임하였다.), 화순 탄광의 강대호(건국준비위원회 화순 탄광 지역 자치위원장) 등이 대표적인 인물이다.

　　일제에 이어 조선을 접수한 미군정은 1945년 11월 2일 일본인이 소유했던 모든 재산을 9월 25일자로 소급하여 미 군정청 소유(귀속재산, 속칭 적산)로 전환하였는데, 일본인이 조선인에게 권리를 넘겼거나 조선인 종업원이 자체적으로 관리하는 경우에도 이를 부정하고 귀속시켰다. 따라서 일본인 소유였던 광업권과 광업 재산 일체도 군정청으로 이관돼 귀속탄광이 되었고, 군정청은 귀속탄광에 지배인이나 관리인을 임명해 운영하였다. 1946년 5월 군정청은 노동자 자주 관리가 이루어지던 삼척 탄광에서도 이종만 사장을 해임하고 하경용을 관리인으로 임명하였다. 이에 노동자들이 쟁의를 일으켰으나 이종만은 오래 버티지 못하고 모리배들에게 밀려났다. 미군은 이듬해 8월 15일 광주에서 열린 광복 1주년 기념식에 참석하려던 화순탄광 광부들에게 발포하여 100여 명의 사상자를 내기도 하였다.

분단으로 인한 남한의 에너지난

1946년 3월에는 석탄생산위원회가 설치되어 국내 주요 탄광을 상무부가 직영하면서 석탄광업자금을 조성하고 증산을 지원하였다. 그해 5월에는 광무국에서 직영하는 조선석탄배급회사가 설립되어 직영 탄광에서 인수한 석탄의 수송과 배급을 담당하였다.

그러나 분단이 고착화하면서 남한은 심각한 에너지난을 겪었다. 당시 남한의 석탄 생산량은 전국의 20퍼센트밖에 되지 않았다. 북한에서 석탄 반입이 어려워지자 땔감을 조달하느라 산림을 급격하게 훼손했고, 철도용과 발전용 석탄 공급이 수요의 30퍼센트 이하로 떨어지면서 급기야 1947년 11월 철도 운행이 중단되는 사태까지 발생하였다. 1948년 5월 10일 남한 단독 정부 수립을 위한 선거가 실시되자 북한은 5월 14일 남한에 송전마저 중단하였다.

1948년 8월 출범한 대한민국 정부는 막대한 탄광 복구비를 투입하여 석탄 증산에 나섰다. 석탄 생산은 1948년 86만 9000톤, 1949년에는 113만 톤으로 늘어 해방 전 남한 생산량인 144만 톤을 어느 정도 회복하였다. 그러나 생산량이 수요를 따라잡지 못하자 국유 탄광을 민간에 매각하여 개발을 촉진하자는 의견이 대두하였다. 새로 구성된 이승만 정부의 상공부 광무국은 각 도의 귀속광산을 중앙정부로 이관하였고, 관리인 제도를 폐지하고 덕대인 제도를 도입하였다. 당시 운영되던 탄광은 20여 개에 불과했는데, 민간업자가 약간의 덕대료를 내고 광산을 개발하는 방식이 도입되자 1951년 전국

우리나라 에너지 산업의 발자취

작업 대기 중인 강원도 탄광지대의 광원들

121개 광산에 200여 광구가 덕대 허가를 받아 개발되었다.

 정부에서 직영하는 탄광의 효율성이 떨어진다는 지적을 받으면서 1950년 11월, 생산과 공급을 담당하는 국영 기업체로서 대한석탄공사가 설립되었다. 당초 6월 말에 출범하려다가 한국전쟁 발발로 늦어진 것이다. 석탄공사는 11개 직영 탄광과 조선석탄배급회사, 3개의 연탄제조회사로 출범하여 이듬해 문경 등 6개 탄광이 추가되었다. 1951년 3월에는 석탄공사의 모든 재산을 국유재산으로 지정하고 광업권을 공사가 아닌 '국國'으로 등록하였다.

이승만 정부의 연탄공장 민간 매각

———

그러나 석탄공사를 만든 지 2년 뒤인 1952년 5월, 이승만 정부는 국가 재정을 증강하고 경영 합리화를 도모한다는 이유로 국영기업의 민영화를 결정하였다. 민영화는 17개 연탄공장을 민간에 매각하는 것에서 시작하였다. 1954년에 일본인 소유 광산의 광업권과 시설을 국유로 전환하였던 국무원 고시를 폐지하고 1956년 광업권 처분령을 개정하여 광업권과 시설을 동시 매각하였다. 1957년부터 본격화한 석탄공사 매각은 1961년까지 공사가 개발하던 장성 등 6개 탄광을 제외한 모든 귀속탄광에 해당하였다. 그리하여 20~30개에 불과하던 민영탄광이 200개를 넘어섰다. 그리고 1956년 석탄공사 생산량의 절반 수준이던 민영탄광의 생산량은 1961년 공사를 넘어섰다. 이후 석탄의 공급 체계는 석탄공사의 주도로 각 연탄공장에 분배하는 방식에서 판매로 변경되었다.

해방 후의 진통과 전쟁으로 얼룩진 1950년대에 가정에서 주로 사용한 에너지원은 나무였다. 임산 자원 의존도는 전쟁 시기에 80퍼센트가 넘었고 1950년대 후반에도 70퍼센트 이상이었다. 도시와 시골 마을 주변이 민둥산이 되는 바람에 홍수나 가뭄 피해를 키웠다.

정부는 연료원을 바꾸기 위해 석탄 증산에 총력을 기울였다. 1956년 석탄 개발 5개년 계획 및 연료 종합 5개년 계획, 1957년 탄전 종합개발 10개년 계획, 1958년 석탄 증산 8개년 계획이 잇달아 수립되었고, 이후 1961년 5월 12일 민주당 정부의 제1차 경제 개발

5개년 계획에도 반영되었다. 한편 1957년 3월 문경과 삼척 일대의 철도가 완전 개통되어 수송난을 해결하였다.

이처럼 정부의 증산 노력으로 1950년대 연간 100만 톤 수준이던 석탄 수입은 크게 줄어들었다. 1955년 53.1퍼센트였던 석탄 자급률이 1966년 99퍼센트로 거의 자급하는 수준에 이르렀다. 당연히 연탄 보급도 확대되어 연료원에서 신탄(장작과 숯)이 차지하는 비율은 1961년 56.5퍼센트, 1966년 35.3퍼센트로 차차 줄어드는 한편 석탄의 비율은 절반을 넘어섰다.

박정희 정부의 '주유종탄' 에너지 정책

———

그러나 석탄의 시대는 그리 오래가지 않았다. 박정희 정부는 1966년 11월 주유종탄主油從炭으로 에너지 정책을 바꾸었다. 무연탄 위주의 난방 연료를 유류(벙커C유)로 대체하기로 한 것이다. 주유종탄에 빌미를 제공한 것은 연탄 파동이었다. 1965년 가을, 성수기를 앞두고서 소비지의 저탄량이 40여 만 톤에 불과하여 연탄 가격이 폭등하였다. 그리고 이듬해에는 비수기인 여름에도 연탄 수요가 급증한 데다 10월 초 한파가 급습하자 서울에서조차 연탄을 구입하기 어려운 지경이 되었다. 원인은 철도 수송에 있었다. 당시 생산지에는 85만 톤이 저탄되어 있었다.

이와 관련해 정인욱 전 강원산업 회장의 전기에 흥미로운 대목

1966년 무연탄에서 석유로 연료혁명을 추진하던 정부 정책에 따라 서울시는 12월 3일부터 20일까지 시청 앞 광장에서 연료 현대화 전시회를 개최하였다.

자료: 서울사진아카이브

이 나온다. "1964년에 건립한 울산석유화학 공장은 (박정희) 대통령의 첫 작품이나 석유의 판매 부진으로 계속 경영난을 겪게 되자 그 타개 방편으로 1966년 가을 극비리에 철도청에 화차 배정의 감축을 지시하여 연탄 파동을 발생케 하고 이를 구실로 연료 정책을 전환하여 석유 소비 증대를 도모했다."라는 것이다.

연료 정책이 바뀌면서 1967년 7월부터 석탄 수요 감소는 현실이 되었다. 석탄 산지의 저탄량은 200만 톤으로 늘었지만 성수기인 겨울에도 판매가 어려웠다. 1967년 초 200여 개에 이르던 탄광은 2년

우리나라 에너지 산업의 발자취

뒤 50개소로 감소하였다. 석탄공사 탄좌(석탄채굴구역)도 감산과 감원을 해야 하는 상황에 이르렀다. 1969년 9월 3만 7800명이었던 근로자는 두 달 만에 3만 2200명으로 줄었다. 그래도 산업용 및 공용 석탄 수요가 급감한 반면 가정용 연탄 수요는 유지되어 연탄공장은 그나마 계속 호황을 누렸다. 1960년대 후반 삼표연탄의 제조원인 강원산업 정인욱 회장은 '국내에서 현금을 가장 많이 가진 사람'이라는 소문이 돌 정도였다.

서구와 일본에서는 이미 1940~1950년대에 석탄 산업이 사양길에 접어들었다. 영국과 프랑스는 1946년 석탄 산업을 국유화하여

영국의 국영 탄광을 민영화하려는 대처 수상의 정책에 반대한 광부들의 파업은 정부의 무타협과 강경 진압에 밀려 363일 만에 실패로 막을 내렸다. 이는 2016년 영국의 브렉시트(유럽연합 탈퇴) 국민투표와 더불어 소선거구제에 기반을 둔 영국의 정치 제도가 갈등 조정에서 후진적임을 보여주는 사례이기도 하다.

영국은 석탄청, 프랑스는 석탄공사를 설립하였다. (영국의 석탄 산업은 1980년대 초 대처 수상이 민영화한다.) 독일은 민영 체제를 유지하며 후에 합작 개발 체제로 전환하였다. 일본도 민영 체제를 유지하다가 1958~1959년 230일간의 장기 파업 이후에 막대한 정부 지원을 투입하였다.

1965년 박정희 정부의 경제과학심의위원회는 '에너지 수급 전망과 개발 계획'을 수립하여 전력의 국유화, 석탄의 점진적 국유화, 석유의 민영화를 제안하였다. 1969년 8월, 정부는 석탄 산업 육성에 관한 임시조치법을 제정하여 시장 축소에 따른 충격을 완화할 보조금을 지급하였다. 재원은 석탄 대신 주 연료원으로 등장한 벙커C유에 부과한 세입의 10퍼센트를 갹출하여 조성하였다.

석유 파동에 따른 석탄 기근 현상

———

하지만 석유를 전량 수입해야 하는 우리나라에서 석탄의 역할이 그렇게 쉽게 끝날 수는 없었다. 1973년 10월 발생한 1차 석유 파동은 중화학공업으로 전환을 시도하던 한국 경제에 직격탄을 날렸다. 몇 달 사이에 4배나 폭등한 유가는 1974년 우리나라 물가를 24.8퍼센트나 상승시켰고, 성장률은 전년에 비해 5퍼센트가 떨어졌다.

발등에 불이 떨어진 정부는 모든 석탄 생산에 대해 톤당 300원, 증산분에 대해서는 400원의 보조금을 지급하였다. 1974년 1월 14일

우리나라 에너지 산업의 발자취

에는 긴급조치 3호를 발령하여 에너지 정책을 주유종탄에서 주탄종유로 변경하고 국내 자원 및 대체에너지 자원 개발을 적극 지원하기로 하였다. 3월에는 석탄 생산 보조금을 톤당 800원으로 올렸고, 8월에는 면세 제도를 마련하여 이듬해부터 탄광 법인세와 소득세, 영업세를 면제하고, 재투자분은 종합소득세 과세 대상에서 제외하였다.

석유 파동으로 석탄 수요가 크게 늘자 생산 증가에도 불구하고 1974년에 석탄 기근 현상이 발생하였다. 서민 가정을 울린 저질탄을 수사하던 정부가 연탄업자들의 생산 중단 엄포에 굴복하여 수사를 중지할 정도였다. 정부는 가정용 연탄 확보를 위해 목욕탕과 다방, 음식점 등의 연탄 사용을 금지하는 한편 가구당 1회 20장 이상 판매 금지, 연탄 구매카드제 실시, 연탄 판매 기록장제 등을 시행하였다.

1978년 국내 무연탄 생산이 연탄 수요를 따라잡지 못하자 정부는

경제 초토화한 1·2차 오일쇼크

1차 석유 파동		
	1973년 발생	1974년	1975년
GDP 성장률	12.0%	7.2%	5.9%
소비자물가상승률	3.2%	24.3%	25.3%
2차 석유 파동		
	1979년 발생	1980년	1981년
GDP 성장률	6.8%	−1.5%	6.2%
소비자물가상승률	18.3%	28.7%	21.4%

박정희 정권이 무너지자 저임금으로 경제성장을 일구어온 현장 노동자들의 불만이 표출되었다. 1980년 4월 21일부터 나흘간 사북읍을 장악하였던 광부파업은 전두환 군부 세력의 계엄사에 의해 진압되고 마녀사냥을 거쳐 81명이 군법회의에 회부되었다.

석탄공사로 하여금 연탄 제조용 석탄 수입 업무를 개시하도록 하였다. 당시 발전용 석탄은 한국전력, 비축용 석탄은 조달청에서 수입하고 있었는데, 1982년 모든 석탄 수입을 석탄공사로 일원화하였다.

1978년 말에 발생한 2차 석유 파동은 석탄 증산을 가속화하였다. 연탄의 탄질은 양질의 수입 무연탄과 국내 저질탄을 혼합하여 유지하였다. 1982년 2000만 톤을 넘어선 국내 석탄 생산량은 1988년에 2430만 톤으로 최고점을 찍었다.

21세기 들어 사양길에 접어든 석탄

그러나 1986년 이후 국제 유가가 하향 안정세를 유지하고 아시안 게임과 올림픽 개최를 계기로 대기환경 개선 정책이 강화되면서 석탄은 주 연료원 자리를 석유와 가스에게 내주었다. 1986년 4월 정부는 직할시급 이상 대도시의 대규모 건물과 일정 규모 이상의 신축 주택에 연탄 사용을 금지하고, 1989년 12월에는 연탄을 사용하는 가구가 LNG로 전환할 때 지원하였다. 1986년 가정과 상업용 에너지 소비에서 64.7퍼센트를 차지하던 연탄은 20세기가 저무는 1999년 2퍼센트로 떨어졌다. 반면 도시가스를 사용하는 가구 수는 1986년 0.5퍼센트에서 1999년 24.4퍼센트로 늘었다.

석탄업계는 발 빠르게 가스 산업으로 옮겨탔다. 1978년 봉명이 대한도시가스와 합작 투자를 시작한 뒤로 1980년 삼천리, 1982년 부산 지역 연탄공장, 1983년 대성, 1985년 강원산업, 1986년 대전 지역 연탄업자들이 지역도시가스 공급에 뛰어들었다. 1986년까지 허가된 18개 도시가스업체 중 석탄 관련 회사가 10개였다.

1986년 정부는 석탄개발임시조치법과 석탄광업육성법, 석탄수급조정법을 통합하여 석탄산업법을 제정하고, 이듬해 석탄 산업 합리화 대책을 수립하여 1988년부터 한계 탄광 통폐합과 구조조정에 들어갔다. 광업권자와 조광권자에게 폐광 대책비를 지원하고, 구조조정으로 이직하는 광부에게는 퇴직금의 75퍼센트와 2개월분 임금, 1개월분 실직 위로금과 생활 안정금, 이사비 및 구직 활동비

등을 지원하였다. 이에 따라 1988년 347개였던 탄광이 1996년에는 11개로 축소되고, 6만 8500명이던 근로자는 1만 명으로 줄어들었다.

30~40년에 걸쳐 완만하게 진행된 선진국의 석탄 산업 합리화와 달리 우리나라는 몇 년 사이에 석탄 산업의 구조조정이 이뤄지면서 탄광 경제는 급격하게 위축되었다. 결국 1995년 2월 고한과 사북에서 주민들의 대규모 시위가 일어났고, 4월에 정부는 석탄 산업 종합대책을 발표하였다. 정부는 적정 생산 규모를 430만 톤으로 설정하고 장성, 도계 등 장기 육성 탄광을 지정하여 생산량을 유지하기로 하였다. 또한 폐광 지역 개발 지원에 관한 특별법을 제정하고 정선에 내국인 카지노를 허가하여 2000년 10월에 개장하였다.

석탄 산업의 미래는 어디에 있을까

현재 석탄을 캐는 가행 탄광은 석탄공사에서 운영하는 장성 광업소(2016년 생산량 44만 7000톤), 도계 광업소(33만 7000톤), 화순 광업소(22만 4000톤) 등 3개소와 민간이 운영하는 (주)경동의 상덕 광업소(86만 2000톤), (주)태백광업(13만 2000톤) 2개소이다.

해방 이후 우리나라 석탄 산업은 국가 주도기(1945~1956), 고속 성장기(1957~1966), 침체기(1967~1973), 안정 발전기(1974~1986), 정책 수요기(1987~현재) 등 5기로 나뉜다. 주 에너지원으로서 석탄

우리나라 에너지 산업의 발자취

의 안정적인 공급이 정부의 핵심 과제였던 국가 주도기 후반에 민간 자본의 참여가 본격화하고, 1960년 민영 생산이 국영 생산을 넘어선 뒤 사실상 석탄 산업은 민간 영역으로 넘어왔다.

산업용 유연탄 수입은 제1차 석유 파동 이후 제철용에 한정되어 시작되었다. 이후 유연탄을 사용하는 화력발전소의 건설이 늘어나면서 유연탄 수입도 늘었다. 1982년 발전용과 비축용의 수입까지 석탄공사로 일원화했던 정부는 1997년 수입을 자유화하였다. 석탄 수요는 해마다 늘고 있지만 해외 석탄 공급이 비교적 안정적으로 유지되고 있기에 가능하였다.

우리나라 석탄 산업의 역사를 돌아보면 공기업(대한석탄공사)은 국가 주도기에만 시장을 지배했을 뿐, 1960년대 이후에는 민간 부문이 주도권을 쥐었다. 물론 석유 파동 등 공급 위기 시에는 증산과 수급 조정을 위해 공기업이 중요한 역할을 담당하였다. 이제 공기업은 비축 업무와 국내 생산 유지 보호 업무, 해외 탄광 개발로 역할이 제한되어 있다.

2016년 박근혜 정부는 2021년까지 전남 화순 광업소와 태백 장성 광업소, 삼척 도계 광업소를 폐광한 뒤 석탄공사를 폐업하는 방안을 검토한다고 발표하였다. 2016년 6월 13일 낙동강의 발원지 황지연못에서는 1000여 명의 태백 시민이 모여 '대책 없는 석탄공사 폐업 반대 및 강원랜드 책임 이행'을 촉구하는 대정부 투쟁 선포 및 출정식을 열었다.

정부의 석탄공사 폐업 방안은 세계 석탄 시장의 수급이 장기간

안정적으로 유지될 것이라는 판단에 근거한다. 하지만 에너지 위기는 언제든 닥칠 수 있다. 우리는 석탄 산업을 축소하다가 에너지 위기로 다시 증산에 나선 경험을 이미 두 차례나 하였다. 국내 탄광은 경제성이 떨어져 더 이상 유지하기가 어렵다면 최소한 북한과 해외 석탄 자원 개발을 시행할 조직은 유지할 필요가 있다. 공기업이든 민간기업이든 말이다.

에너지 안보의
열쇠를 쥐고 있는 석유

축구장 72개 분량의 원유 수입

2016년 기준으로 우리나라의 석유 수입량은 원유 10억 7811만 9000배럴, 석유제품(나프타, LPG, 휘발유 등) 3억 3436만 배럴이었다. 석유제품 수출량은 4억 8771만 6000배럴이었다. 상암 월드컵 경기장을 가득 채우는 데 1500만 배럴이 필요하니까 이 경기장 약 72개에 해당하는 원유를 수입한 것이다. 수입 지역은 사우디아라비아와 쿠웨이트, 아랍에미리트 등 중동이 85.9퍼센트, 파푸아뉴기니 등 아시아가 6.7퍼센트이고 나머지는 아메리카와 아프리카가 각각 2.8퍼센트, 러시아 등 기타 지역 1.7퍼센트이다. 동해-2 가스전에서 나오는 콘덴세이트(가스 개발 시 상압에서 액체로 산출되는 경질유의 일종)는 소량이므로 거의 100퍼센트를 수입하는 셈이다.

우리나라에서 석유는 개화기 서양인들이 처음 사용하였다. 우리나라 사람으로는 승려 이동인이 1880년 개화파의 일본사절단에 동행했다가 귀국할 때 석유와 석유램프, 성냥을 들여왔다는 기록이 있다. 미국에서 석유를 상용 개발한 것이 1859년이니까 불과 20년 뒤에 우리나라까지 들어온 것이다. 석유는 빠르게 시장을 확보하였다. 등유는 당시 어두운 밤을 밝혀준 아주까리나 들깨 기름보다 2배나 더 오래 탔고 값은 훨씬 쌌다. 발 빠른 일본과 중국 상인들이 미국과 러시아에서 수입해 팔았다.

조선이 서구 열강과 통상조약을 체결하면서 1897년 미국의 스탠더드 오일이 조선 정부의 허가를 얻어 인천 월미도에 저장소를 설치하였다. 1898년에는 한양 거리에 석유 가로등이 등장하였다. 한일병합 뒤에는 자동차가 늘어 서울역에 역전 주유소가 문을 열었다. 경유는 1926년 서울과 온양온천 간 디젤 기동차가 등장하면서 들어왔다. 1920년대에는 차량, 선박, 공장 등의 석유 사용이 늘어나면서 미국의 텍사코와 영국의 셸이 들어와 스탠더드 오일과 경쟁하였다. 스탠더드 오일은 솔표와 승리표, 셸은 붉은 조개를 상표로 썼다.

1930년대 들어서 일제가 대륙 침략을 본격화하면서 1934년 석유업령을 공포하여 6개월분의 석유를 비축하도록 하였다. 1935년에는 조선석유주식회사를 설립하고 1938년 원산에 연간 생산량 30만 톤 규모의 정유공장을 처음으로 세웠다. 그러나 미국이 적성국 일본에 대한 석유 공급을 제한하면서 원산 정유공장은 가동이 중단되었다.

우리나라 에너지 산업의 발자취

중일전쟁이 발발하자 조선총독부는 1938년 7월부터 휘발유 배급제를 실시하였다. 1939년에는 배급이 줄어 암매상이 활개를 쳤고 1940년에는 배급이 아예 중단되었다. 모든 휘발유가 군용차와 비축용으로 동원되어 급기야 민간에서는 목탄차가 다시 등장하였다. 목탄을 태우는 드럼통을 달아 숯을 피워 얻은 가스로 움직이는 목탄차는 힘과 속도가 휘발유차의 절반에도 못 미쳤으나 해방 이후는 물론 한국전쟁과 전후 복구 시기인 1950년대까지 운행되었다.

국영기업 대한석유공사의 탄생

——

1945년 해방을 맞아 일제의 수탈은 사라졌지만 석유는 여전히 수입에 의존하는 귀한 원료였다. 미 군정청은 석유 배급 대행사 PDAPetroleum Distribution Agency를 통해 미군 군용 제품을 일반인에게 판매하였다. 1949년 대한민국 정부는 스탠더드 오일과 칼텍스, 셸 등 3대 메이저가 주도한 외국법인 대한석유저장주식회사KOSCO를 설립하였다. KOSCO는 저장만 담당하고 판매는 3대 메이저가 시장을 나눠 가졌다. 이후 한국전쟁이 발발하자 3대 메이저는 철수하고 KOSCO가 직접 판매까지 담당하였다. 민간에서는 전투 장비 운용에 필요한 휘발유보다 경유를 소비하도록 정부가 휘발유 물품세를 60퍼센트에서 100퍼센트로 인상하였다.

전쟁이 끝난 뒤 한국 정부는 미국 정부, KOSCO 3자 사이에 한미

석유운영협정을 체결하여 석유류 제품 구입을 위한 외화 조달은 미국 정부가 책임을 지기로 하였다. 미국의 AID 원조 자금을 받아 메이저로부터 고가의 석유 완제품을 수입하는 방식이었다.

한편 한국 정부는 전후 복구와 경제 개발을 위해 석유류 제품의 국내 생산을 추진하였다. 하지만 큰 자본이 들어가는 정유공장을 세울 만한 능력이 민간에 없는 상태였다. 정부는 1962년 7월 대한석유공사법을 제정하고 그해 10월 대한석유공사를 설립하였다. 대한석유공사는 미국의 걸프사가 25퍼센트 지분을 투자하였는데, 이 자금으로 울산정유공장이 건립되었다. 울산정유공장은 1964년 4월 하루 생산량 3만 5000배럴 규모로 본격적인 생산을 시작하였다. 대한석유공사는 대한석유저장주식회사가 보유한 저장 및 판매 시설을 인수하여 국내 첫 정유업체로 자리 잡았다.

대한석유공사가 출범한 1962년에 에너지 소비 비중에서 9.8퍼센트에 불과했던 석유는 1971년 50.6퍼센트, 1978년에는 최고치인 63.3퍼센트까지 늘어났다.

석유 소비가 늘어나면서 민간 투자도 활발해졌다. 1967년 5월, 럭키(LG그룹의 모태)는 미국의 칼텍스와 50대 50 합작으로 호남정유를 설립하고, 1969년 2월 여수에 하루 생산량 6만 배럴의 정유공장을 완공하였다. 1968년에는 한국화약과 미국의 유니언 오일이 50대 50 합작으로 경인에너지를 설립하고, 1972년 인천에 하루 생산량 6만 배럴의 정유공장을 가동하였다. 한편 대한석유공사도 시설 확장과 석유화학 산업 진출을 위해 걸프사의 지분을 50퍼센트로 늘리

1964년 준공한 울산정유공장은 본격적인 석유 시대의 개막을 알렸다.

출처: SK에너지

고 주식회사로 전환하였다. 이 자금을 바탕으로 대한석유공사는 처리 용량을 두 배로 늘리는 한편 1972년에는 에틸렌을 생산하는 나프타 분해 센터를 세워 석유화학 산업의 본격적인 출발을 준비하였다.

석유 파동에도 급성장한 석유 산업

대한석유공사와 호남정유, 경인에너지 등 3개 정유사가 본격 가동하면서 석유류 제품의 생산이 늘어 자급이 가능해졌다. 3사는 공격적으로 시장 점유에 나섰는데, 정부가 1972년 석유사업법을 제정하여 대리점과 주유소 허가를 잠정 중단할 정도로 과당경쟁이 벌어졌다.

1973년에 발생한 1차 석유 파동은 석유 시대로 달려가던 한국에 제동을 걸었다. 정부는 주유종탄의 연료 정책을 주탄종유로 바꾸어 대중목욕탕, 서비스업 등의 난방 연료를 석탄으로 되돌렸다. 그러나 중화학공업 드라이브를 시작한 산업 정책은 지속되어 석유 소비가 꾸준히 증가하였다. 에너지 소비에서 석유가 차지하는 비중은 1978년 63.3퍼센트로 최고치를 기록하였다.

한편 시멘트 산업으로 일어선 쌍용양회는 1차 석유 파동으로 벙커C유의 공급이 중단되는 사태를 겪은 뒤 정유 사업에 진출하였다. 1976년 이란 국영 석유회사 NIOC와 50대 50의 합작으로 한이석유주식회사를 설립하고 온산에 정유공장을 착공하였다. 그러나 공장 준공을 앞둔 1979년 이란 회교혁명으로 원유 공급이 어려워지자 1980년 쌍용양회는 이란 NIOC의 지분을 전량 매입하여 쌍용정유주식회사로 개명하고 하루 생산량 9만 배럴 규모의 온산정유공장을 가동하였다.

이로써 국내 정유업계는 공기업인 대한석유공사와 민간 회사인 호남정유, 경인에너지, 쌍용정유 등 4개 대형 정유사에 극동석유주식회사(하루 생산량 1만 배럴)까지 총 5개사가 과점하는 시장이 되었다. 1964년 설립한 극동석유공업은 부산에서 하루 3000배럴 규모의 정유시설을 갖추고 윤활유를 주종으로 아스팔트도 생산하는 업체였다. 1968년 로열더치셸과 50대 50으로 합작하여 극동셸석유주식회사를 설립하였으나 여전히 윤활유가 주종으로, 1978년에 하루 생산량 1만 배럴 규모로 정유 설비를 증설하였다.

1978년 말 시작된 2차 석유 파동은 선진국에게 1차 석유 파동만큼의 충격을 주지는 못하였다. 국제에너지기구IEA를 설립해 소비국의 국제 협력을 강화하고 비축을 늘렸으며 대체에너지 개발에도 나섰기 때문이다. 하지만 중화학공업 드라이브에 매달려 석유 소비가 급증한 한국에는 1차 석유 파동보다 충격이 컸다. 배로 뛴 물가와 경기 침체는 고조되는 정치 위기와 맞물려 10.26 사태를 불러왔다.

1986년 한국을 방문한 야마니 석유상을 집으로 초대한 최종현 선경 회장. 선경은 유공을 인수하면서 재벌 서열이 급부상하였다.

출처: SK에너지

당시 대한석유공사의 50퍼센트 지분을 갖고 운영권을 행사하던 걸프사는 원유 공급이 원활하지 못한 상황에서 국가보위비상대책위원회라는 신군부 체제까지 들어서자 1980년 8월 지분을 정부에 양도하고 철수하겠다고 선언하였다. 최규하 대통령의 사표를 수리하고 8월 21일 대통령이 된 전두환은 대한석유공사의 민영화 방침을 결정하였다. 민영화 방침에 반대한 유양수 동력자원부 장관은 불과 3개월 만인 9월 1일 교체되고, 뒤를 이은 박봉환 장관이 11월 28일 유공의 인수자로 선경을 최종 발표한다.

당시 국내 최대 기업이던 공기업 대한석유공사의 민영화가 아무런 논의나 공론화도 거치지 않은 채 국군보안사령부 회의실에서 결정되고 동자부는 이 결정을 그대로 따른 것이다. 선경으로서는 주요 사업인 섬유 산업에 필요한 화학섬유 원료 확보를 통해 사우디아라비아와 관계를 맺고 있었던 데다 2차 석유 파동 때 사우디와 원유 도입 계약을 진행한 것이 도움이 되었다. 선경의 유공 인수를 두고 당시 언론은 "새우가 고래를 삼켰다."라고 표현하였다.

국내 4대 정유회사가 걸어온 길

1981년 이래 석유 산업은 민간기업이 주도하였다. 1986년부터 하향 안정세를 유지한 국제 유가에 힘입어 석유 소비량은 지속적으로 증가했고 정유업체들도 성장을 거듭하였다.

우리나라 에너지 산업의 발자취

유공을 인수한 선경은 1996년 하루에 81만 배럴(현재 111만 배럴)의 원유를 처리할 수 있는 정제 시설을 갖추고 있었고, 1997년 회사 이름을 SK주식회사로 바꾸었다. 2006년에는 인천정유를 인수하여 부동의 1위 자리를 공고히 하였다. 1968년 한국화약과 미국 유니언사가 합작으로 설립한 경인에너지는 1983년 한화가 유니언사의 지분을 회수하고 1995년에는 이름도 한화에너지로 바꾸었는데, 한국 경제가 금융위기를 맞이한 1999년 현대정유오일뱅크에 매각되었다가 2001년 법정 관리에 들어간 것을 SK가 인수하였다.

호남정유는 1986년 한국 측 단독 경영 체제로 출범하였으나 지분은 여전히 셰브론(아시아 업체명 칼텍스)이 절반을 가지고 있다. 1996년 LG칼텍스정유주식회사로 바꾼 뒤 LG그룹이 나누어지면서 GS홀딩스의 자회사로 편입되어 GS칼텍스주식회사가 되었다. 지금은 2012년에 설립된 GS에너지가 한국 측 지분을 갖고 있다. 현재 하루 생산량 78만 배럴 규모의 정유 시설을 갖추었다.

하루 39만 배럴의 원유 정제 시설을 갖춘 현대오일뱅크는 부산 용당동에 있는 윤활유 제조회사 극동석유공업에서 출발하였다. 1964년에 창업하여 3000배럴 규모의 정유 시설을 갖추고 있던 극동석유공업은 윤활유를 주종으로 아스팔트도 생산하였다. 1968년에 로열더치셸과 50퍼센트의 지분으로 합작하여 극동쉘석유주식회사가 된 뒤 1972년 하루 생산량 5000배럴로 증설했고, 이어 1977년 현대가 쉘 지분을 인수하여 극동정유주식회사가 되면서 정유 능력을 1978년 하루 생산량 1만 배럴로 늘렸다. 그러나 극동이 본격적인 정유회사로 성장한 것은 1988년 미국 게티 오일과 합작하여 서산시 대산읍에 하루 생산량 6만 배럴의 정유 시설을 준공하면서부터이다. 1993년 현대그룹이 인수하여 현대정유주식회사가 되었으며 1996년 20만 배럴의 정유 시설을 준공하였다. 2002년 아랍에미리트연합 IPIC사와 합작한 뒤 2010년 현대중공업이 IPIC사 지분을 매입하였다.

현재 업계 3위인 에쓰-오일은 하루에 66만 9000배럴을 정제할 수 있다. 1991년 사우디아라비아의 아람코ARAMCO가 쌍용정유의 지분 35퍼센트를 매입하여 지분 28.4퍼센트를 가진 쌍용그룹과 공동 경영하였다. 1995년 25만 배럴 규모의 제3 정유 시설을 가동하며 성장하던 쌍용정유는 1999년 쌍용그룹의 구조조정으로 계열을 분리하고 9000억 원에 지분과 경영권을 아람코에 매각하였다. 2000년에 이름을 에쓰-오일주식회사S-OIL로 바꾼 뒤 2007년에 자사주 28.4퍼센트를 한진그룹(한진에너지)에 매각하여 공동 경영하다가 2015년 1월 아람코가 한진그룹의 매각 지분을 인수하여 단독 대주주가 되었다. 2014년에는 한국석유공사가 울산석유비축기지의 지상 시설을 지하화하면서 지상 부지 92만 제곱미터와 지상 탱크 14기를 에쓰-오일에 매각하였다. 5190억 원의 매각대금을 들여 부지난을 해소한 에쓰-오일은 이곳에 잔사유 고도화 설비와 올레핀 다운스트림 설비를 세울 예정이다.

우리나라 에너지 산업의 발자취

전국을 잇는 송유관 건설

———

    현재 원유는 모두 선박으로 들어와 곧바로 해당 정유회사나 비축 시설에 하역한다. 시베리아의 석유나 가스가 공급된다면 관으로 들여오는 방안이 강구될 것이다. 훨씬 싸기 때문이다. 국내에서 수송되는 석유는 정제를 거친 석유제품으로, 주로 유조차와 선박, 송유관으로 운반된다. 유조차가 45퍼센트 정도, SR급(5000~1만 톤) 선박이 28퍼센트, 송유관이 25퍼센트를 나르고 기차는 1.4퍼센트에 불과하다.

대우조선해양은 초대형 유조선VLCC, Very Large Crude oil Carrier **건조 척수 기준으로 세계 최고 수준을 유지하고 있다.**

자료: 대우조선해양

포항에서 서울을 잇는 414킬로미터 송유관이 첫선을 보인 것은 1970년 12월이다. 그러나 TKP Trance Korea Pipeline(한국종단송유관)라고 불리는 이 송유관은 미군 송유관이다. 1973년에 의정부까지 연결된 TKP(총 452킬로미터)는 미군 기지에 유류를 공급하였다.

한국 정부는 1985년이 되어서야 장거리 송유관 사업 기본계획을 확정하였다. 이듬해 8월 대한석유개발공사가 51퍼센트, 극동석유가 49퍼센트를 출자하여 한국송유관(주)을 설립하고 1989년 서산-천안 간(93킬로미터) 송유관을 개통하였다. 1990년에는 정부 주도로 정유 5사와 항공 2사를 끌어들여 대한송유관공사를 만들고 전국 송유관망 건설에 나섰다. 대한송유관공사는 1992년 경인송유관(인천-고양, 인천-김포공항)을 준공하고, 1995년에는 대전저유소를 완공하여 울산-대전 간, 여수-대전 간 송유가 시작되었다. 1996년 11월에는 대전-과천 구간을 개통하여 남북송유관 SNP이 완성되었다.

대한송유관공사는 1998년 한국송유관(주)을 흡수 합병하고 2000년에는 인천-영종도 간 송유관을 준공하였다. 그리고 2001년 1월 민영기업으로 전환한 대한송유관공사는 그해 6월 SK그룹의 손에 넘어갔다.

한편 TKP를 독자적으로 운영하던 미군은 세월이 흘러 시설이 노후하고 한국의 송유관망이 틀을 갖춰가자 1992년 한국 정부에 TKP 인수를 요구하여 계약에 이른다. 그리고 2002년 TKP와 SNP 연결 공사를 완료하고 2004년 8월 주한미군 유류지원 전환 합의서에 도장을 찍었다. 하지만 인수 당시 이미 20년이 넘어 누유가 일상화된

우리나라 에너지 산업의 발자취

고양저유소	판교저유소
탱크: 14기 저유용량: 487천Bbl 출하능력: 169천B/D	탱크: 39기 저유용량: 2,059천Bbl 출하능력: 4466천B/D

천안저유소	대전저유소
탱크: 9기 저유용량: 210천Bbl 출하능력: 102천B/D	탱크: 18기 저유용량: 516천Bbl 출하능력: 163천B/D

- ━━ SNP(1,104km)
- ━━ TKP(104km)
- ● SNP 저유소
- ○ SNP 가입소
- ◎ TKP 저유소

송유관

남북송유관

관로연장	송유경로
454km	온산−울산−대구−추풍령−대전−천안−판교−과천
476km	여수−곡성−전주−대전−천안−판교

경인송유관

관로연장	송유경로
31km	인천−고양(일반유 전용 송유관)
24km	인천−김포공항(항공유 전용 송유관)
23km	인천−인천국제공항(항공유 전용 송유관)

호서송유관

관로연장	송유경로
96km	대산−천안

TKP

관로연장	송유경로
104km	판교−평택, 왜관−대구

우리나라에는 총 길이 1208킬로미터의 송유관이 설치되어 있다. 북한을 지나 러시아, 중앙아시아와 연결되는 송유관이 있다면 에너지 안보와 가격 안정에 큰 도움이 될 것이다.

TKP는 2004년 이후 철거 작업에 들어간다.

국방부가 2005년부터 성남−평택 구간 76킬로미터를 제외한 나머지 392킬로미터를 철거하는 데 들어간 비용은 969억 원이다. 이 중 시설 철거비와 사유지 보상비보다 더 많이 들어간 돈이 오염토양 복원비로, 전체 비용의 77퍼센트인 745억 원을 차지한다. 2013년에 국방부가 추산한 바로는 아직 남아 있는 성남-평택 송유관 철거비로 191억 원, 왜관저유소 131억 원, 평택저유소 52억 원 등 총 374억 원이 더 투입되어야 한다. 여기서도 오염토양 복원비가 얼마가 들지는 미지수이다.

한국 정부는 차마 미군에게는 보상금을 요구하지 못하고 TKP를 울며 겨자 먹기로 인수한 대한송유관공사와 SK를 상대로 소송을 냈다. 토양오염 조사와 정화에 들어간 돈 496억 6000여만 원을 보상하라는 것이었다. 그러나 2014년 5월 26일 대법원은 SK와 대한송유관공사에게 책임이 없다고 판시하였다.

민간 시장이 주도하는 에너지 안보

이처럼 현재 우리나라의 석유 수입과 정유, 그리고 유통 및 판매는 모두 민간 시장에 맡겨진 상태이다. 공기업으로 시작한 곳도 하나둘 민영화되어 민간기업에 돌아갔다. 1979년 한국석유개발공사로 발족하여 1999년 이름을 바꾼 한국석유공사만이 공기업으로 존재한다. 한국석유공사는 국내외 유전 및 가스전 개발과 석유 비축 업무를 담당한다. 울산 등 4개소의 원유 기지와 구리 등 4개소의 제품 기지, 그리고 평택에 있는 LPG 기지 등 9개 비축 기지의 총 규모

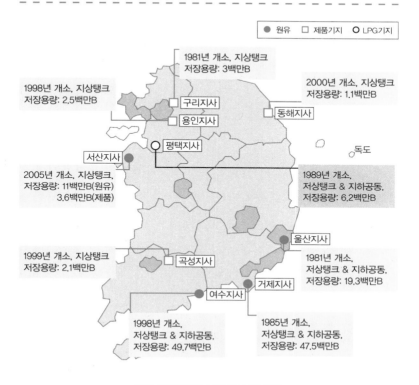

원유 비축기지와 석유제품기지 현황

자료: 한국석유공사

는 1억 4600만 배럴로 현재 정유사들의 공동 비축물량을 제외하고 9600만 배럴을 비축하고 있다. 9400만 배럴은 한 달 소비량을 조금 넘는 규모일 뿐이다.

1, 2차 석유 파동은 석유가 바닥이 나서 발생한 것이 아니다. 국제정치 지형의 변화나 수급 불균형이 국제경제에 큰 파장을 불러

온 사례이다. 그리고 셰일가스 개발에서 엿보이듯이 이제 값싼 석유 시대는 막을 내리고 있다. 공급 과잉으로 2014년 여름부터 하락한 유가는 한때 배럴당 30달러대까지 떨어지기도 하였으나 조정 국면을 끝내고 상승하기 시작하여 2018년 현재 80달러선을 회복하였다. 유가 하락에 따른 투자 부진의 결과가 나타나는 2020년대 초반이 되면 또다시 100달러를 넘어설 것으로 보인다.

우리가 에너지 체제의 전환을 통해 재생가능 에너지를 중심에 세우고 화석연료 의존 체제에서 벗어날 때까지는 석유와 가스의 안정적인 공급이 에너지 안보의 핵심 과제이다. 더구나 민간 시장이 주도하는 석유 산업에서 한국석유공사의 해외자원 개발 기능은 에너지 안보를 위한 중요한 정책 수단이다. 지난 이명박 정부 시절 성급한 자원외교로 아직까지 손해를 보고 있는 상황은 안타깝다. 유전 개발이 항상 성공하는 사업은 아니라 할지라도 적어도 실패 과정에서 인적, 물적 경험과 성공의 토대가 만들어져야 하는데 그마저도 기대할 수 없는 상황이다. 지난 정부의 자원외교에 대한 평가는 실패한 사업과 성공한 사업에 대한 복기를 통해 해외자원 개발의 매뉴얼을 만드는 일이 되어야 한다. 국회 또는 독립적인 위원회에서 이 일을 제대로 감당하기를 희망한다.

우리나라 에너지 산업의 발자취

03

가정 연료의
총아가 된 가스

급격한 에너지 체제 전환의 시대

어릴 적 내가 살던 시골 동네의 최고 부잣집은 단연 술도가 김 사장네였다. 농사꾼들 살림이야 거기서 거기고 장터 가겟집들도 고만고만했으니 말이다. 농번기에는 어린 나까지 막걸리 한 주전자 사 들고 논으로 심부름을 갔으니 술도가에는 현금이 착착 쌓였다. 그러나 술도가의 호시절은 1970년대 도시화가 진행되면서 사그라들었다.

그 뒤를 이어 동네 최고 부자로 떠오른 것은 주유소 박 사장네였다. 박 사장은 이발소를 하면서 한쪽에 석유통을 두고 되로 등유를 팔았다. 부엌에 석유곤로가 하나둘 늘어나고 신작로에 트럭과 자가용이 빈번해지면서 박 사장은 아예 이발소 문을 닫고 주유소를 지었다. 그렇게 1980년대 마을 최고 부자 자리는 주유소 차지였다. 그러나 주유소 박 사장도 1990년대가 되자 오토바이로 가스 배달을 하던 후배 김 사장에게 자리를 내주었다. 2000년대 후반 가스 배달 김 사장은 업소를 다른 이에게 넘기고 국립공원 안에 대형 펜션을 지었다.

우리 세대는 아궁이에 나무를 때 밥을 짓고 짚으로 군불을 때던 바이오매스 에너지 시대에서 석탄과 석유를 거쳐 가스에 이르는 급격한 에너지 체제 전환의 시대를 살아왔다. 그 가운데 가스의 보급은 실로 놀라운 속도로 진행되었다. 텔레비전 드라마 〈응답하라 1988〉의 덕선이가 쌍문동에서 연탄가스에 중독되어 동치미 국물 마시던 때만 해도 도시가스는 고급 아파트에나 들어갔다. 그러나 지금 천연가스와 LPG는 대부분 가정에서 취사 연료원으로 사용한다. 전체 에너지 소비량에서 20퍼센트를 차지할 정도가 되었는데 처음 도입된 1986년부터 불과 30년 만이다.

가스는 석탄을 고온으로 건류하여 만드는 석탄가스, 석유의 채취 또는 정제 과정에서 나오는 프로판이나 부탄 등의 석유가스, 석탄광이나 유전 및 가스전에서 기체 상태로 채취하는 천연가스 등이 있다. 최근에는 쓰레기 매립지나 하수처리장에서 메탄가스를 회수하여 사용하기도 하지만 이는 폐기물 발생을 전제로 하므로 1차 에너지원이 아니라 에너지의 효율적 이용으로 봐야 한다.

인류 역사에서 가스가 처음 등장한 것은 3000년 전 중국에서 죽제관으로 모은 천연가스로 소금을 만들었다는 기록에서다. 가스를 본격적으로 사용한 것은 19세기 초 안개 낀 런던의 가로등으로 석탄가스등이 채택되면서부터이다. 그러나 석탄가스등의 시대는 불과 100년에 그쳤다. 19세기 말에 백열등이 발명되면서 조명은 전기의 영역이 되었다.

2차 세계대전 이후 주목받은 가스

가스는 배관을 통해 수송해야 하므로 초기에는 제한된 장소에서만 사용할 수 있었다. 유전에서는 채취 과정에서 나오는 가스를 안전을 위해 그냥 태워버려야 했다. 그러나 배관 기술과 액화 기술이 발전하면서 석유가스는 LPGLiquefied Petroleum Gas, 천연가스는 LNGLiquefied Natural Gas로 압축하여 수송할 수 있게 되었다. LNG 기술이 특허등록된 것은 1914년, 상업적 생산을 시작한 것은 1917년이지만 제2차 세계대전 이후에야 본격화한다. 일단 수송이 용이해지자 가스는 연소 연료 중에서는 가장 고급스러운 에너지가 되어 가정 연료의 총아가 되었다.

우리나라에서 가스가 처음 사용된 때는 서양 문물이 들어오던 구한말로 전기보다 조금 늦었다. 1907년 일본 자본으로 시작한 일한와사전기주식회사는 1909년 용산에 석탄가스 제조공장을 준공하고 진고개 등 일본인 상가 밀집 지역과 주거지에 가스를 공급하였다. 당시 가스의 용도는 가스등이었고 취사나 난방은 유류와 석탄을 주로 사용하였다. 그나마 전기 공급이 늘어나면서 가스등은 뒷

1908년 일한와사전기주식회사 개업 모습

자료: 2015년 10월 《삼천리그룹 60년사》

전으로 밀렸다. 일한와사전기주식회사도 1915년 경성전기주식회사로 개명하여 운영되었다.

부산에서는 1912년에 한국와사전기주식회사가 설립되어 가스를 공급하였는데 대부분 발전용으로 사용하고 나머지를 시중에 공급하였다. 이 회사는 1938년 경남 지방의 배전 사업을 맡은 남선합동전기주식회사에 인계되었다. 1936년에는 평양에 서선합동전기주식회사가 설립되었고 1938년에는 신의주부가 직영으로 사업 인가를 받아 만주와사주식회사의 안동 지점에서 가스를 구입해 공급하였다. 가스 수용가는 1943년 기준으로 일본인이 2만 5799호, 조선인이 1855호로 우리나라 사람들은 전체 사용자의 6퍼센트에 불과

우리나라 에너지 산업의 발자취

하였다. 일제에 협력하여 부를 쌓은 소수의 상류층이었다.

중일전쟁 이후 조선의 모든 산업은 군수 중심으로 움직였다. 가스도 마찬가지여서 1940년을 정점으로 시중 판매량이 눈에 띄게 줄어든다. 1942년에는 무기와 군수품을 생산하는 인천 조병창(부평에 있던 미군 부대 캠프 마켓 자리)에 가스를 공급하기 위해 인천에 가스공장을 완공하였다. 이 석탄가스 공장의 27개 가마 중 절반은 경성전기(주)가 보유하였다.

해방 후 석탄가스 공장 설비는 절반 정도만 가동되었다. 1951년 7월에는 대폭격으로 경성전기(주)의 가스 생산이 중단되었다. 전쟁 피해가 적었던 부산에서도 연료탄 구입의 어려움, 시설의 노후, 주 소비자였던 일본인들의 철수로 수요가 격감하여, 1954년 한국와사전기주식회사가 문을 닫았다. 이렇게 석탄가스의 시대는 막을 내리고 1951년 석유가스인 LPG의 첫 수입판매 회사가 생겨났다.

LPG, 도시 연료 현대화를 이끌다

석유가스는 1964년 울산정유공장이 가동되면서 자체 생산이 가능해졌다. 1970년대 정유공장이 잇따라 완공되어 LPG의 대량생산이 가능해지면서 정부는 도시 연료의 현대화 사업을 추진하였다. 서울시는 1971년 서울시영 도시가스 사업소를 설립하여 5월에 이촌동 3000가구에 LPG/AIR 방식으로 가스를 공급하기 시작하였다.

이듬해에는 강서구 염창동에서 나프타 분해 방식으로 제조한 LPG 도시가스를 영등포 지역 6622가구에 공급하였다. 서울시는 팽창하는 강남 지역에 도시가스를 공급하기 위해 1978년에 민자 유치를 통해 대한도시가스주식회사(현 코원에너지서비스)를 설립하고 서울 강동, 강남, 송파구와 서초구 일부, 경기도 남동권 일부를 공급 권역으로 삼았다.

1, 2차 석유 파동을 거친 뒤 1978년 정부 부처로 승격한 동력자원부는 그해 가스사업법을 제정하고 에너지의 안정적 확보 차원에

1972년 서울 남부 도시가스 공장 준공식에 참석한 육영수 여사와 양택식 서울시장

우리나라 에너지 산업의 발자취

서 천연가스 도입을 검토하였다. 그리고 1980년 경제장관회의에서 천연가스 도입에 관한 기본 방침을 확정하였는데, 도입 시설과 저장소, 공급관로 등 대규모 자금이 들어가는 도매 부문은 공기업이 맡고, 소매는 지역을 나눠 민간기업에 준다는 것이 기본 틀이었다.

이듬해 동력자원부는 LNG 사업 기본계획안을 의결하고 이를 추진할 한국가스공사를 1983년 8월에 설립하였다. 지역을 분할하는 소매업체들도 속속 설립되었는데, 사양길에 들어선 연탄공장들이 대거 뛰어들었다. 문경에서 봉명 광업소로 일어선 이동녕은 박정희와의 인연으로 1978년 대한도시가스에 참여할 수 있었다. 이를 시작으로 1980년 삼천리, 1983년 대성, 1985년 강원산업이 독자적으로 도시가스에 뛰어들었고, 1982년에는 부산 지역, 1986년에는 대전 지역 연탄업자들이 손을 잡고 가스 산업에 진출하였다. 1986년까지 허가된 18개 도시가스업체 중 석탄 관련 회사들이 10개를 차지하였다.

LNG는 전용 선박으로 들여온 뒤 이를 하역, 저장하고 다시 기화하여 배관망을 통해 각 지역 도시가스 회사나 발전소에 공급한다. 1983년 설립된 한국가스공사는 우선 평택에 인수기지를 착공하고 인도네시아 국영 페르타미나와 1986년부터 2006년까지 매년 200만 톤의 LNG를 도입하기로 계약을 체결하였다. 드디어 1986년 10월 31일, 인도네시아로부터 LNG 5만 7300톤이 평택 인수기지로 도착하여 11월부터 발전용 천연가스 공급을 개시함으로써 천연가스 시대가 막을 올렸다. 이전의 LPG 도시가스는 양이 많지 않아 취사용으로 쓰였지만 LNG 도시가스는 난방용으로도 사용이 가능하였다.

전국 1876만 가구, 보급률 80퍼센트

———

수도권에서 공급 가구를 늘려가던 도시가스는 1993년 대전 등 중부권으로 공급 권역을 확대하였다. 1995년에는 영남과 호남 지역, 1999년에는 서해권과 남부권에도 천연가스 공급을 개시했으며 2002년 11월 강원권을 마지막으로 전국 주요 도시들이 천연가스 공급 지역이 되었다. 이에 따라 도시가스 수용가는 2003년 말 1000만 가구를 넘어섰다. 1990년대 초만 해도 5층 아파트에서 난방에 사용한 연탄재를 쓰레기통으로 낙하시켰다는 사실을 젊은 세대는 상상조차 하기 어려울 것이다.

2018년 현재 도시가스는 모두 1876만 가구에 공급, 보급률은 80퍼센트에 이른다. 그런데 여기서 제외된 농어촌 지역과 지방 소도시는 상대적으로 더 많은 난방비를 지출해야 하는 상황에 처하였다. 정부는 우선 LPG 가스망 설치 사업을 지원하고 있으나 LPG 역시 LNG에 비해 30~40퍼센트 난방비를 더 지출해야 한다. 현실적으로 LNG 도시가스망을 전력망처럼 농어촌 지역까지 까는 것은 어렵다. 게다가 결국 천연가스도 수입 에너지라서 가격 변동 위험은 상존한다. 따라서 바이오매스 연료나 축산폐수로 만드는 바이오가스 등으로 지역난방을 하는 방안 등 재생가능 에너지 활용도를 높여나가

우리나라 에너지 산업의 발자취

LNG 도입현황(2017)

(단위: 천 톤)

국가	카타르	호주	오만	말련	인니	러시아	미국	브루나이	나이지리아	기타[1]	합계
물량	11,720	5,415	4,247	3,194	2,204	1,804	1,656	1,417	506	900	33,063

1) 기타 도입국: 페루, 앙골라, 트리니다드, 적도기니, 파푸아뉴기니, 알제리, 싱가포르

야 한다.

2016년 기준으로 천연가스 소비량은 도시가스 제조가 1738만 톤으로 가장 많고 가스발전소에서 1550만 톤, 지역난방에서 155만 톤을 사용한다. 천연가스는 동해 가스전에서 생산하는 소량을 제외하고는 카타르와 인도네시아, 오만, 말레이시아 등에서 LNG 형태로 수입한다.

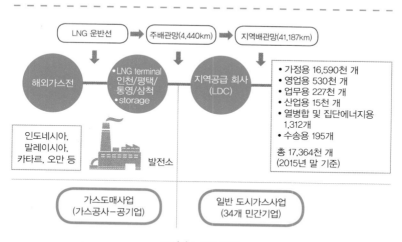

도시가스 공급 과정

평택생산기지 조감도

한국가스공사는 1986년 운전을 개시한 평택 생산기지를 시작으로 1996년 인천 생산기지, 2002년 통영 생산기지, 2014년 삼척 생산기지의 시설을 증설하여 현재 72기의 저장 탱크에 1149만 킬로리터를 수용할 수 있다. 각 생산기지에서 인수한 LNG는 기화 설비를 통해 우리가 사용하는 가스가 되어 4520킬로미터의 주 배관망을 통해 각 지역 도시가스 회사와 발전소로 수송된다. 한편 제주도에 천연가스를 공급하기 위한 제주 애월 기지는 2019년 완공될 예정이다.

지역 도시가스 회사는 모두 34개 업체로 지역을 분할하여 독점 운영한다. 서울에서는 대한도시가스가 이름을 바꾼 코원에너지서비스와 예스코, 서울, 귀뚜라미에너지, 대륜 E&S 등 5개사가 나눠

우리나라 에너지 산업의 발자취

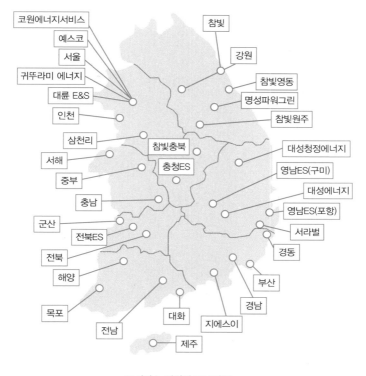

코원에너지서비스
예스코
서울
귀뚜라미 에너지
대륜 E&S
인천
삼천리
서해
중부
충남
군산
전북ES
전북
해양
목포

참빛
강원
참빛영동
명성파워그린
참빛원주

참빛충북
충청ES

대성청정에너지
영남ES(구미)
대성에너지
영남ES(포항)
서라벌
경동

전남
대화
지에스이
경남
부산

제주

도시가스 지역별 공급업체

자료: 한국도시가스협회

맡고 있는데, 이들은 경기도 동부와 북부에도 가스를 공급한다. 경기도 남부와 서부는 공급량 순위 1위 업체인 삼천리가 맡고 있다. 지역 도시가스 회사들은 도매업자인 한국도시가스로부터 천연가스를 공급받아 총 4만 4886킬로미터에 이르는 지역 배관망을 통해 일반 소비자와 산업 시설에 판매한다.

가스 요금은 어떻게 책정될까

천연가스 요금은 적정 원가와 적정 투자보수의 합계인 총괄원가 산정 방식으로 결정한다. 한국가스공사는 수입한 LNG 원료비에 가스공사의 공급 비용을 더해 도매 요금을 정한 뒤 산업통상자원부 장관의 승인을 얻어 시행한다. 지역 도시가스 회사는 도매 요금에 소매 공급 비용을 더해 소매 요금을 산정해 해당 시도지사의 승인을 받아 각 수용가에 적용한다. 요금 구성을 보면 대략 원료비가 88.5퍼센트, 도매 공급 비용이 6.2퍼센트, 소매 공급 비용이 5.3퍼센트를 차지한다.

1996년부터 원료비 연동제가 도입되어 한국가스공사는 2개월마다 도입하는 LNG 가격에 ±3퍼센트 이상 변동이 있으면 도매 요금을 변경할 수 있다. 하지만 수입이 대개 유가 연동 방식에 장기 계약으로 이루어져 국제 가스 가격 변동이 즉각 소비자의 월 요금에 반영되지는 않는다. 2016년 12월 기준으로 가장 싼 서울시 도시가스는 계량기 단위인 1입방미터(㎥)당 약 621원이었다.

앞서 말했듯이 가스 공급은 처음부터 수입과 도매를 공기업이 맡고 소매는 민간 회사가 지역별로 나누어 독점 운영하는 체제로 출발하였다. 따라서 가스 산업의 민영화는 바로 수입과 도매 부문, 즉 한국가스공사의 민영화를 뜻한다. 첫 시도는 국제통화기금IMF 구제 금융으로 한국 경제가 무장 해제되던 1998년으로 거슬러 올라간다. 한국의 알짜 기업들이 헐값으로 외국 자본에 넘어가던 시기였다.

우리나라 에너지 산업의 발자취

당시 정부는 IMF와 미국의 시장 개방 및 공기업 매각 요구를 받아들여, 가스공사의 도입 및 도매 부문은 3개의 자회사로 분할하여 매각하고, 설비 부문의 정부 지분은 일부만 남기고 매각하는 공동 이용제를 실시하기로 하였다. 아울러 자가소비용 LNG의 직수입을 허용하고 도매 부문의 경쟁 추이를 보아 소매 부문의 경쟁 도입도 단계적으로 추진하기로 하였다. 이에 따라 정부는 1999년 말 한국가스공사를 상장하면서 정부 지분을 일부 매각하여 공적 지분 비율을 61.2퍼센트로 줄였다. 2001년에는 대규모 천연가스 수요자(주로 발전사)에게 직도입을 허용하였다.

역대 정부의 가스공사 민영화 논란

그러나 외국 자본이 강요한 민영화는 곧 반발에 부닥쳤다. 2002년 2월, 정부는 가스공사 구조 개편의 시기와 시행 방법을 노사정 논의를 통해 해결하기로 노정협약을 체결하고, 그해 3월 기본 방향을 수정하였다. 도입 및 판매 부문은 분할하는 대신 점진적으로 신규 진입을 허용하기로 하고, 설비 부문은 공기업 체제를 유지하기로 하였다. 그리고 2003년 노무현 정부에서 가스공사의 민영화는 사실상 중단되었다.

가스공사의 민영화가 다시 수면 위로 떠오른 것은 건설사 사장 출신인 이명박 대통령이 당선되고서이다. 이명박 정부 인수위원회는 2008년 1월 구조 개편 로드맵을 수립하여 단계적으로 도입 및 판매 부문에 경쟁을 도입하기로 하였다. 하지만 광우병이 우려되는 소고기 수입을 허용하려는 정부 정책에 반발하여 5월 초 시작된 촛불집회는 이명박 정부의 가스공사 민영화에도 문제를 제기하였다. 결국 그해 8월, 여당과 정부와 청와대는 가스와 전기, 수도, 건강보험 등 4개 분야는 민영화하지 않겠다는 입장을 발표하기에 이른다. 그러나 2008년 10월 촛불집회가 사그라들자 정부는 공공기관 선진화 계획이라는 것을 통해 가스 도입 및 도매에 신규 판매 사업자를 허용하여 경쟁을 도입하되, 발전용 물량에 우선 경쟁을 도입한 후 산업용으로 확대한다는 방침을 밝혔다.

이런 민영화 정책은 박근혜 정부에도 이어졌다. 2016년 6월 정부는 공공기관 기능 조정 방안을 통해 가스 도입 및 도매 부문의 시장경쟁체제 도입을 재천명하였다. 민간 직수입 활성화를 통해 시장 경쟁 구도를 조성한 후 2025년부터 가스 도입 및 도매 시장을 단계적으로 민간에 개방한다는 계획이었다. 현재 수요자 자가소비용 직수입은 포스코와 GS에너지, SK E&S, 중부발전 등 4개사가 하고 있는데, 2015년 총 LNG 수입량의 5.7퍼센트를 이 회사들이 수입하였다.

가스 공급은 석유와 달리 배관을 통해 이루어진다. 송유관은 대량 수송의 편의를 위한 것일 뿐, 소비자에게는 주로 유조차나 주유소를 통해 공급된다. 하지만 가스는 개별 소비자에게도 배관을 통해 공급한다. 가스통은 취사용으로만 사용된다. 따라서 배관으로

해외 원산지 공정 1~4

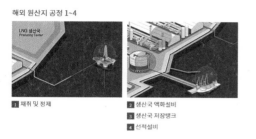

KOGAS 공정(도매업) 5~10

도시가스사(소매업) 11~17

① 채취 및 정제

② 생산국 액화설비
③ 생산국 저장탱크
④ 선적설비

⑤ 하역설비 　**⑥** 저장탱크
⑦ 증발가스 압축기 　**⑧** 액화설비
⑨ 2차펌프 　**⑩** 기화기

⑪ 코가스배관망 　**⑫** 공급관리소
⑬ 발전소 　**⑭** 도시가스사
⑮ 일반가정 　**⑯** 일반사무실
⑰ 일반공장

천연가스는 해외 원산지에서 액화천연가스LNG 상태로 들여와 기화하여 발전소 등지에 직접 공급하거나 일반도시가스회사로 공급된다.　　　　　　　　　　자료: 한국가스공사

이루어진 공급망의 유지 관리는 공기업에서 하는 것이 공익에 부합한다. 가스가 취사와 난방 등 생활에 필수적인 연료가 된 만큼 사적 영역에 맡기는 건 무리이다.

수입 분야에 경쟁을 도입하면 정부 주장대로 도입 단가를 줄일 수 있을까? 답은 물음표이다. 일시적으로 공급 과잉이 발생하는 시기를 제외하고 가스 시장은 생산자 우위 시장이다. 구매자 역시 공급 안정을 위해 장기 계약을 받아들인다. 이런 시장에서 국내 구매자 여럿이 특정 생산자에게 달려드는 것은 불리하다. 국내에 인기 있는 경기 중계권을 따겠다고 공중파 3사가 호가를 올려 다른 나라보다 훨씬 많은 중계권료를 지불했던 사례와 비슷하다.

공급 안정을 위해서는 오히려 공급 지역의 다변화가 시급하다. 북한을 경유하는 가스관을 통해 시베리아 가스를 들여올 수 있다면 가격이 저렴한 것은 물론이고, 타 지역에서 들여오는 가스의 아시아

가정 연료의 총아가 된 가스

프리미엄도 절감할 수 있다. 이런 국제적인 프로젝트의 진행은 민간 회사에만 맡길 수 없다. 가스 산업에서 공기업이 필요한 또 다른 이유이다.

현대사의 아픔과
함께한 전기

인류는 어떻게 전기를 발명했을까

전기는 현대 사회에서 두 번째로 많이 소비하는 최종 에너지이다. 1위는 석유이다. 에너지 밀도가 높고 운반과 보관이 용이한 석유가 아직은 가장 각광받는 에너지이다. 불과 1세기 만에 2위로 올라선 전기는 고급 에너지로 사랑을 받는다. 사용해도 흔적이 남지 않으며, 동력을 내는 것은 물론 각종 전자제품을 작동시켜 우리 생활에 편리를 안겨준다.

하지만 전기는 1차 에너지원이 아니다. 자연에도 전기가 존재하지만 전기 에너지는 발생과 동시에 양극에서 음극으로 흘러 소멸한다. 구름의 발생 과정에서 전위차가 발생하여 일순간 공간을 뛰어넘어 흐를 때 번개가 된다. 엄청난 에너지이지만 그림의 떡이다. 우

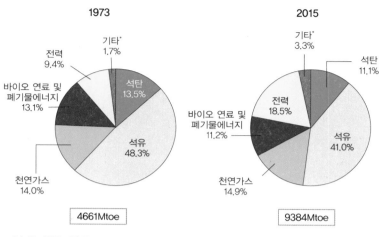

1973	2015

기타*
1.7%
전력
9.4%
바이오 연료 및
폐기물에너지
13.1%
석탄
13.5%
석유
48.3%
천연가스
14.0%

4661Mtoe

기타*
3.3%
석탄
11.1%
전력
18.5%
바이오 연료 및
폐기물에너지
11.2%
석유
41.0%
천연가스
14.9%

9384Mtoe

* 기타: 열, 태양열, 지열 등

세계 최종에너지 소비 구성에서 1973년 9.4퍼센트이던
전력의 비중이 2015년 18.5퍼센트로 늘었다.

리가 전기를 사용하려면 물의 위치에너지나 화석연료의 화학에너지를 이용해 발전을 하고, 이렇게 생긴 전기를 전선을 통해 운반하여 기계를 작동시켜야 한다. 따라서 전기에너지는 에너지원이 아니라 최종 에너지로 분류한다.

전기 현상에 대한 첫 기록은 기원전 2750년 무렵 고대 이집트에서 전기물고기를 '나일강의 뇌신'이라고 부른 것이다. 최초로 전기를 관찰하고 기록한 사람은 밀레토스의 철학자 탈레스이다. 탈레스는 기원전 600년경 호박석을 고양이털로 문질렀더니 깃털 같은 가벼운 물체를 끌어당기는 현상이 일어난다는 사실을 발견하였다. 고

우리나라 에너지 산업의 발자취

조선에 해당하는 시대에 이런 발견을 한 것이 대단하다.

산업혁명으로 과학기술이 빠르게 발전하던 16세기 말, 영국의 윌리엄 길버트는 자석 연구를 통해 호박과 자철석의 인력이 다르다는 것을 밝혔고, 호박의 정전기 효과에 엘렉트리쿠스electricus(호박의)라는 용어를 붙였다. 18세기 말 미국의 벤저민 프랭클린은 연을 띄워 번개의 전기적 성질을 증명하였고, 프랑스의 공학자 쿨롱은 전하를 띤 두 물체 사이에 작용하는 전기력의 크기에 관한 법칙을 발견하였다. 1800년 이탈리아의 물리학자 알레산드로 볼타는 두 종류의 금속판 사이에 소금물을 적신 헝겊을 끼우고 이를 여러 겹으로 쌓아 최초의 화학전지를 만들었다.

19세기 초 덴마크의 외르스테드와 프랑스의 앙페르는 전기 현상과 자기 현상이 사실 같은 것이라는 전자기 개념의 단초를 만들었고, 1821년 영국의 마이클 패러데이가 전동기의 원형인 전자기 회전 장치를 발명한 데 이어 마침내 1862년 제임스 멕스웰이 전기와 자기, 그리고 빛을 하나로 통합하여 전자기학을 정립하였다.

전자기학의 발전은 기술로 이어졌다. 독일의 지멘스는 1866년 전자석을 사용한 대형 발전기를 완성하여 전기를 에너지원으로 사용할 수 있는 토대를 만든다. 이어 벨기에의 그람은 1870년 고리형 코일 발전기를, 독일의 알테네크는 1873년 드럼형 코일 발전기를 발명하였다. 이제 전기는 일시적인 자연 현상에서 인위적으로 만들어낼 수 있는 상시적인 에너지가 되었다.

1879년 백열전구를 발명한 미국의 에디슨은 1882년 뉴욕시에 최초의 대규모 화력발전소(증기력)를 건설하고, 발전소에서 전등까지 이어지는 110볼트 직류 송전 계통을 구축하여 전력의 상업화에 성공하였다. 이어 니콜라 테슬라가 교류발전기를 개발했고 웨스팅하우스는 교류 송전 방식을 실현하였다. 때마침 1894년 독일의 루돌프 디젤이 개발한 디젤엔진은 소형 발전의 총아가 되었다. 전기는 석유와 함께 2차 산업혁명을 불러왔다. 삼상 교류 전동기는 산업 현장에 혁명적인 변화를 가져왔으며, 전기 통신의 발전은 정보의 이동을 용이하게 하면서 지구촌 시대를 열었다.

조선의 미래를 밝히지 못한 전등

전기는 우리나라에도 그 어떤 문물보다 빨리 들어왔다. 에디슨이 백열전구를 발명한 지 불과 8년 뒤인 1887년, 바로 그 에디슨의 백촉광 아크등 2개가 경복궁을 밝혔다. 에디슨이 뉴욕시에 발전소를 건설하고 전선망을 구축하던 1882년은 한미통상협정이 체결된 해이기도 하다. 그해 8월 미국을 방문한 보빙사절단은 에디슨 전등회사와 계약을 체결하고 왔다. 1886년에는 에디슨전기회사의 윌리엄 맥케이가 내한하여 건청궁 향원정 부근에 3킬로와트급 증기발전기 2대를 설치하였다.

왕실이 거금을 들여 미국의 문물을 들여오는 데 적극적이었던 것은 무서운 기세로 한반도를 압박해오는 일본을 견제해줄 또 다른 강대국에 손을 내미는 방편으로 보인다. 하지만 미국 대통령 시어도어 루스벨트는 일본과 손잡고 러시아를 견제하려고 1905년 미국 육군성 장관 윌리엄 태프트를 일본 수상 가쓰라 다로에게 보내 밀약을 맺었다. 미국의 필리핀 지배를 확인하는 대신 일본의 대한제국에 대한 종주권을 인정한 것이었다.

고종은 1898년에 황실 기업인 한성전기회사를 설립하여 미국인 콜브란과 전차 건설 도급계약을 맺은 데 이어, 완공 후에는 전차 사업 운영계약까지 체결하였다. 그해 말 한성전기는 서대문에서 홍릉을 잇는 궤도와 전선로를 완공하고, 지금의 동대문종합시장 안에 75킬로와트급 발전소를 설치하였다. 홍릉은 일인들에게 시해된 명성황후를 안장한 곳으로, 고종은 이곳까지 편하게 다닐 수 있기를 원하였다. 마침내 1899년 5월 4일, 객차 8대와 국왕 전용 전차 1대를 갖춘 한성전기가 전차 시운전을 하던 날, 종로는 정부의 고관과 장안의 남녀노소가 몰려들어 북새통을 이루었다. 동양에서는 일본 교토에 이어 두 번째로 전차가 운행된 것이었다.

그러나 시운전을 마치고 5월 20일에 본격 운행을 시작한 한양의 전차는 일주일 만에 시련을 겪는다. 5월 26일, 파고다공원 앞에서 어린이가 전차에 치어 죽는 사고가 발생하자 인근의 시민들이 전차를 세워 불태우고 일본인 운전수를 끌어내 폭행하였다. 가뭄과 고물가로 인심이 흉흉하던 차에 백성들이 낯선 신문물을 제물로 삼은 것이었다. 안전 조치 강화를 요구하던 일인 직원들이 철수하자 콜브란 측은 미국에서 실무진을 데려와 8월 10일 운행을 재개하였다.

1899년 12월에는 종로에서 용산에 이르는 전차 노선을 개설하고, 이듬해 4월에는 밤 10시까지 운행 시간을 연장하면서 종로 정류장과 매표소에 가로등 3개를 설치하였다. 이 가로등이 민간에 첫선을 보인 전기등이다. 1901년 4월에는 동대문발전소를 증설하고 배전 설비를 가설하여 경운궁(덕수궁)과 진고개의 일본인 상가에 600개의 전등을 보급하였다.

그런데 황실의 재정난으로 한성전기가 중도금과 잔금을 제때에 치르지 못하자 콜브란 측은 해당 설비와 재산을 신탁받고 부채 상환 시까지 운영권을 갖기로 하였다. 부채 상환을 연기해준 미국은 각종 이권 확보에 나섰다. 한성전기회사의 전차 및 전등 사업을 꾸준히 확장하는 한편 경편철도 부설(송도까지), 황실 도로 건설(양주군 금곡까지), 청량리선 연장(양주군 덕소까지) 등의 사업은 물론 상수도 설비 부설 사업권, 각종 황실 소요 물품 조달권에다가 은행 설립권까지 확보하였다.

일제에 잠식당한 전기 사업체

그러나 태평양 너머에 있는 미국의 의욕적인 한국 진출은 현해탄만 건너면 되는 일본의 야욕을 당할 수 없었다. 일본은 1901년 9월 부산전기주식회사를 설립하여 조선의 전기 사업에 뛰어들었다. 러일전쟁의 승리로 한반도에서 주도권을 잡은 일본은 1905년 인천전기주식회사를 세워 100킬로와트 직류발전기 2대를 설치하였다. 1908년에는 일한와사주식회사가 도쿄에 설립되었다. 조선통감부 부통감 소네 아라스케의 아들 소네 간지의 동경와사주식회사가 참여한 일한와사주식회사는 전기를 선점한 한성전기를 피해 가스를 내세워 서울에 진출하였다.

한편 대한제국 황실은 1904년 콜브란과 보스윅이 한성전기의 공인 소유자임을 인정하고 일화 75만 엔을 제공하며 새로 설립할 한미전기의 운영권을 약속하였다. 전기 사업보다는 각종 이권에 열심인 콜브란 측에게 치욕적일 만큼 양보를 한 이유는 러일전쟁의 와중에 미국을 붙들어두려는 안타까운 몸짓이었다. 콜브란 측은 한성전기 일체의 재산을 담보로 엠파이어 트러스트사에게서 100만 달러를 차입하는 한편, 상호를 한미전기로 바꾸고 본사도 미국 코네티컷주 세이브로크시로 옮겼다. 사업 운영보다는 매수자 물색에 열중하던 콜브란 측은 조선의 외교권이 일본으로 넘어가자 통감부의 조정으로 1909년 6월, 한성전기를 일한와사주식회사에 매각하였다.

1910년 한일병합으로 조선 반도의 식민지 지배를 본격화한 일본은 지역별로 전기 사업체를 허가하였다. 1920년까지 대전, 목포, 평양 등에 24개 전기회사가 설립되었는데, 이 중 민족 자본은 1917년에 문을 연 개성전기주식회사뿐이었다. 한성전기를 삼킨 일한와사주식회사는 1915년에 경성전기주식회사로 이름을 바꾸었다.

1920년대에는 안주, 울산, 천안 등지에서 50개 전기 사업체가 신설되었다. 1931년까지를 도시배전 시대라고 하는데, 일인 거주가

콜브란이 지은 한성전기 사옥은 일한와사로 넘어간 뒤 1915년 경성전기가 되었다.

늘어난 도시를 중심으로 전기 사업체가 설립되어 전기를 보급하던 시기였다. 발전은 주로 석탄화력에 의존했으며, 1923년에 강원도 중대리에서 서울까지 166.9킬로미터에 이르는 66킬로볼트 송전선이 완공되었다. 전력 보급이 늘어나면서 비싼 전기요금을 둘러싸고 소비자와 전기회사 사이에 대립이 격화하면서 전력 사업 공영론이 일어났고, 1927년에 평양전기회사의 평양부 직영이 실현되기도 하였다. 서울과 부산에서 일어난 소비자 운동은 1931년 12월 조선총독부의 전력통제계획으로 해소된다.

전력 산업을 이끈 수력발전

———

전력 수요가 늘어나면서 대규모 수력발전에 대한 요구도 커졌다. 수력발전소는 1905년 미국인이 경영하던 평북 운산광산에 600킬로와트 자가용 수력발전소를 설치한 것이 최초이다. 조선총독부는 1911~1914년 제1차 수력 조사, 1922~1929년 제2차 수력 조사를 통해 총 150개 지점에 최대 220여만 킬로와트의 자원을 파악하였다. 1920년대 전국 도시를 중심으로 전기 보급이 확대되면서 1932년 조선수력전기주식회사의 부전강 수력발전소(20만 킬로와트)와 남조선

압록강 지류인 부전강 상류에 댐을 만들고 고원을 넘어 함흥 쪽으로 흘려보내 발전을 한 부전강 수력발전소. 일본인 자본가 노구치 시타가우는 이 전기로 흥남질소비료공장 등 일대 노구치 계열의 공장을 돌렸다.

- - - - - - - - - -

현대사의 아픔과 함께한 전기

수력전기주식회사의 운암 발전소(5120킬로와트)가 문을 열었다. 운암 발전소는 소형이었지만 드물게 남한 지역(정읍)에 유역 변경식으로 건설되었다.

1930년 초 전력 보급이 확대되고 전국적으로 전기회사가 난립하자, 조선총독부는 전기 사업을 통제하기 시작한다. 총독부는 1931년 12월, 직속기관인 조선전기사업조사회의 건의를 받아 발전 및 송전망 계획과 전력 사업의 기업 형태, 배전 통제에 관한 전력 통제 계획을 수립하여 시행하였다. 1932년 4월에 공고된 발전 및 송전망 계획을 보면 1940년까지의 전체 수력발전 개발 목표가 구체적으로 담겨 있었다. 또 발전은 원칙적으로 민영으로 개발하고, 송전은 송전망의 유기적 운영을 위해 국영으로 하며, 배전은 전국을 몇 개 구역으로 나누어 민영으로 한다는 계획이었다.

이에 따라 1934년 4월에 조선송전주식회사가 설립되었는데, 총독부의 예산 부족으로 당초 공영화 계획을 취소하고 발전 회사와 배전 회사가 공동으로 출자하게 하였다. 배전 부문은 5년 동안 전국을 4개 지역으로 나누어 54개 배전 회사를 통폐합하였다. 중부 지방은 기존의 경성전기주식회사가 매수하고, 여타 지역은 지역 군소업체의 합병으로 남선합동전기주식회사(남부 지방), 서선합동전기주식회사(북서부 지방), 북선합동전기주식회사(북동부 지방)를 설립하였다.

1차 통제 기간에 발전 부문에서는 장진강 수력발전소(33만 4300킬로와트)와 허천강 수전(33만 3800킬로와트), 부령 수전(2만 8640킬로와트, 성천강), 압록강 수전 제1기공사(계획 70만 킬로와트 중 30만 킬로와

우리나라 에너지 산업의 발자취

압록강의 수풍 발전소는 당시 동양 최대 발전소였다.

트), 영월 화력발전소(10만 킬로와트) 등이 준공되었고, 청평, 화천, 칠보(섬진강)의 수전이 착공되었다.

송전 설비는 1935년 10월, 장진강 제2발전소와 평양 사이에 200킬로미터(154킬로볼트)의 송전선을 완공한 것을 시작으로, 평양-서울 간 200킬로미터(154킬로볼트), 영월-대구 간 170킬로미터(154킬로볼트), 상주-대전 간 65킬로미터(154킬로볼트)가 1937년에 준공되었다. 1941년 6월에는 허천강 발전소에서 청진과 나남에 이르는 동양 최대의 송전선이(220킬로볼트), 9월에는 수풍 발전소에서 다사도, 평양, 진남포를 연결하는 송전선(220킬로볼트)이 만들어졌다.

1937년 7월 발발한 중일전쟁이 1941년 12월 태평양전쟁으로 확전되자 일제는 조선의 자원 동원에 고삐를 죄었다. 조선임시전력조

사회의 자문을 거쳐 '전력 국가 관리 실시 요강'을 마련한 총독부는 1943년 4월 '조선전력관리령'을 시행하였다. 조선전력관리령은 나뉘어 있는 발전과 송전 부문을 통합하고 전력 수급과 전기요금 결정 등 일체의 전력 관리 업무를 총독부의 지시와 조정에 따르도록 한 것이었다. 이에 따라 1943년 7월, 조선전업주식회사를 설립하여 발전과 송전 부문을 장악하고 조선압록강수력발전(주)도 일원화한 운영에 편입하였다.

8.15 광복 직전까지 일제하에서 건설된 발전 설비 용량은 총 172만 2695킬로와트로, 이 중 대부분은 수력발전 설비(158만 6195킬로와트)이고 화력발전 시설(13만 6500킬로와트)은 8퍼센트에 불과하였다. 당시 전력 공급의 42퍼센트를 차지한 압록강 수풍 발전소는 발전 용량이 60만 킬로와트로 명실상부 동양 최대였다. 일제의 이러한 전력 산업 투자는 식민지 근대화론을 주장하는 사람들에게는 중요하게 여겨질 것이다. 그러나 일제가 발전소를 세우고 송전선을 간 첫 번째 이유가 조선의 재화를 수탈하고 조선에 진주한 일인들의 생활 편의를 위한 것임에는 변함이 없다.

북측의 대남 송전 중단 사태

해방과 이어진 분단으로 남한은 심각한 에너지난을 겪었다. 일제에게 조선은 대륙 침략을 위한 병참기지였기에, 북동부와 북서

우리나라 에너지 산업의 발자취

부 해안 지역의 중화학 공업단지 설치에 따른 동력원으로서 북부의 풍부한 수력발전 개발에 집중하였다. 그 결과 해방 당시 전국의 발전 시설은 남북한 격차가 컸다. 남한에 위치한 발전 시설은 수력 6만 2240킬로와트와 화력 13만 6500킬로와트를 합쳐 전체의 11.5퍼센트에 불과하였다. 게다가 화력발전 시설은 노후하여 실제 발전량은 겨우 전체의 4퍼센트였다.

해방 직후에는 멈춰선 공장들이 많아 전력 수요의 대부분은 전등과 전열에 의한 것이었고, 38선 이북 지역의 발전소에서 이남 지역으로 송전도 계속되었다. 남측은 조선전업의 서울선(평양–수색)과 한강선(화천–부평), 경성전기의 왕십리선(중대리–왕십리)을 통해 북측으로부터 5만 킬로와트 내외를 수전하여 총 6만 킬로와트를 공급하였

1965년에 건설된 영월 화력발전소(왼쪽이 구 영월 화전)

자료: 여주시

다. 1946년에는 당인리와 영월, 부산의 화력발전소를 수리하여 자체 발전한 전력과 북측으로부터 수전한 전력을 합해 총 8만 7000킬로와트를 공급하였다.

그러나 남북이 수전요금 지불 문제에 합의하지 못하면서 북측은 대남 송전량을 임의로 조절하고 제한하는 일이 잦았다. 이에 미 군정청은 1947년 6월, 군정청 상무부장 오정수와 조선전업 부사장 김은석 등을 평양에 보내 소련 군정 당국과 전력 공급료 지불에 관한 협정을 체결하였다. 이후 두 차례에 걸친 전력대금 지불에 관한 남북 전력 협상이 실패로 돌아갔으나 북측은 계속 송전을 해주었다. 1947년 11월에는 남한에서 자체 발전한 양과 북한에서 수전한 전력이 평균 11만 2507킬로와트에 달하여, 해방 이전 수준을 회복하였다.

하지만 유엔한국임시위원단이 1948년 5월 10일 남한 단독 선거를 통해 정부 수립에 나서자 상황이 돌변하였다. 북조선인민위원회 김책 부위원장은 그날 밤 평양방송을 통해 "미군 사령부는 자기의 대표가 서명한 동 협정을 충실히 하지 않고 전력 대가 완납기일이 이미 10개월이 지난 1948년 4월 1일까지 협정 대가의 15.6퍼센트밖에 지불하지 않았으며 … 1947년 6월 1일 이후에 현재까지의 전력 공급에 대하여는 결정까지 체결하지 않으려고 하고 있다."(《동아일보》 1948년 5월 12일자)라며 "남조선 전력 문제에 관하여 조선인끼리 협약을 체결하기 위하여 오는 5월 14일까지 … 남조선 조선인 대표를 북조선 평양시에 파견할 것을 제안한다. … 불응할 시에는 북조선인민위원회는 본의는 아니나 남조선에 대한 전력 공급을 결정적으로 중단할 수밖에 없다."라고 엄포를 놓았다.

이를 접한 남측의 전력 당국자들은 최악의 상황을 막기 위해 북측과 접촉하고자 했지만, 결정권은 미 군정청 하지 중장에게 있었다. 이미 그전부터 소련 군정 당국은 미 군정청에 북조선인민위원회와 전력 문제를 협의할 것을 요구하였다. 이에 하지 중장은 1948년 4월 27일 북조선 소련군 사령관 코로트코프 장군에게 보낸 편지에서 "인민위원회를 북조선 정부로 인정하지 않으며 그와 교섭할 의향도 없다."라고 밝혔음을 공개하였다.(《경향신문》1948년 5월 3일자)

미 군정청 오정수 상무부장은 5월 13일 오후 3시 반에 조선전업사로부터 북조선의 전화 통지를 전달받고서야 북조선인민위원회 산업국장 이문환과 통화하였다. 북측은 5월 14일 오전 12시까지 조선인 대표의 평양 파견을 요구하였고 오 상무부장은 밤새 미군을 설득하여 일단 회담에 응하기로 하였다. 그러나 남측 대표단의 평양 방문을 알리기 위해 5월 14일 오전 8시부터 9시까지 북조선과 통화하려고 했으나 고압선 전화는 이미 절단되어 있었고, 조선전업사의 전용 전화를 이용해 겨우 북측과 연결된 것이 오전 10시였다. 하지만 북측 수화자 지점과 인민위원회의 거리가 5~6킬로미터 떨어져 있어서 통화를 기다리다가 정오가 지나버렸고, 즉시 송전이 중단되었다.(《경향신문》1948년 5월 15일자)

5월 10일 밤 평양방송 이후로 5월 13일 북측의 전화를 받기 전까지 미 군정청 상무부는 무엇을 했을까? 오정수 상무부장의 사후 설명으로 보면, 군정청 조선인 담당자들은 어떻게든 대금을 지급하고 수전하는 방안을 찾은 듯하지만 조선인끼리의 협의를 인정치 않은 미군이 이에 반대하여 대응이 늦어진 것으로 보인다. 북측은 남한의 단독 선거가 치러진 마당이니 그때까지 대금 납부 지연에도 불구하고 유지했던 송전에 단호한 조치를 취한 것이다.

북측의 대남 송전 중단은 남한 측의 전력난을 심화시켰고 남한 주민들의 공분을 샀다. 남한은 어쩔 수 없이 계획 배전과 윤전제(격일제, 3분제)를 실시하였다. 당시 언론은 "만주에까지 배전하는 잉여의 북조선 전력―동족 간에 단전이 웬 말?"이라고 보도하였다.

북한이 대남 송전을 중단하기 전인 1948년 2월, 미 군정청은 남한의 전력 부족에 대응하기 위해 발전함 자코나호(2만 킬로와트)를 부산에 도입하였다. 5월 초에는 인천에 발전함 일렉트라호(6900킬로와트)를 도입하여 수리하였다. 그러나 단전에 따른 부족량을 메우기에는 역부족이었다.

미국 발전함까지 동원된 한국전쟁 시기

1948년 8월 15일에 출범한 이승만 남한 정부는 만성적인 전력 부족에 긴급한 조치를 취하지 않을 수 없었다. 1949년 5월, 이승만은 특별 지시를 내려 발전소 운영을 일원화하여 당인리 화전(경성전기)과 부산 화전(남선전기), 보성강 수전(농림부), 영월 화전(상공부)을 조선전업으로 이관하였다. 당시 총 발전 설비 용량은 23만 1144킬로와트였다.

그러나 1950년 한국전쟁이 발발하면서 전력난은 최악의 수준으로 떨어졌다. 전쟁으로 인한 파괴에서 전력 시설도 예외일 수 없었다. 목포 중유발전소와 발전함 일렉트라호가 전파되는 등 발전 설비와 송배전 시설이 파괴되었다. 평균 공급 전력이 전쟁 발발 전이던 5월에 7만 3557킬로와트였는데 8월에는 1만 1333킬로와트로 급감하였다. 이승만 정부는 전쟁 중에 미국과 한미합동전력위원회를 구성하였고, 이에 따라 미국에서 긴급 원조한 6척의 발전함과 자코나 호가 1951년에 전체 발전량의 56퍼센트, 1952년에는 36퍼센트를 담당해주었다. 그나마 38선 이북에 있는 화천 수전(5만 4000킬로

미군을 통해 들여온 발전함은 해방과 전쟁 시기 전력 공급의 주축이었다. 사진은 1962년 부산 발전함.

자료: 국가기록원

와트)을 남한에 귀속한 것이 전력 면에서만 볼 때 한국전쟁의 수확이라면 수확이었다.

　전쟁이 끝나고 한미합동전력위원회는 10만 킬로와트급 화력발전소 건설을 결정하고, 1954년 미국 대외활동본부FOA의 원조 자금 3000만 달러와 원화 1억 3000만 원으로 당인리 3호기(2만 5000킬로와트)와 마산 화전(5만 킬로와트), 삼척 화전 1호기(2만 5000킬로와트)를 착공하여 1956년에 완공하였다. 국제연합한국부흥단UNKRA의 원조 자금으로는 괴산 수전(2만 600킬로와트)과 섬 지역의 발전 설비(1200킬로와트)를 건설하였다. 1957년 2월에 완공한 괴산 수전은 국내 기술진이 최초로 건설한 소수력 발전소이다. 그해 11월, 화천 수전의 전면적인 개보수와 제3호기(2만 5000킬로와트)의 증설로 1958년에는 연평균 17만 2000킬로와트를 확보하여 일시적이나마 전력난이 완화되었다. 그러나 지속적인 신규 개발이 이루어지지 않아 전력난은 되풀이되었다.

우리나라 에너지 산업의 발자취

05

국영 한국전력주식회사의 탄생

해방 후 미군정에 귀속된 전력 산업

해방 무렵에 남한의 전력 산업은 크게 세 회사가 지배하고 있었다. 발전과 송전 부문의 조선전업, 배전회사인 경성전기와 남선전기이다. 1945년 9월 8일 남한에 진주한 미군은 군정 포고 제1호를 공포하여 일본인에 소속되었던 사유재산은 그 형태와 내용을 불문하고 전부 군정청에서 소유권을 인수한다고 못을 박았다. 이에 따라 9월 10일 미군정은 어빈 젠트리 중위를 조선전업주식회사 관리관 겸 사장으로 임명하였고, 일본인 구보다 유다카 사장으로부터 9월 21일까지 일체의 자산과 조직을 인수하였다. 젠트리 중위는 1947년 7월 30일 조선전업의 운영권을 윤일중 사장에게 부여하였다.

젠트리 중위가 조선전업을 접수하던 날, 벌트 소령은 보좌관 피어스 대위와 이태환을 대동하고 경성전기주식회사로 쳐들어갔다. 9월 15일 일본인 호즈미 신로쿠로 사장으로부터 인수를 마친 벌트 소령은 이태환을 사장 대리로 앉혔다.

문화재 약탈로 유명한 오구라 다케노스케가 대주주였던 남선합동전기주식회사는 우여곡절을 겪었다. 해방 후 한국인 종업원들은 자치위원회를 구성하여 전 이사이자 주주인 장직상을 사장에 추대하고 일인들로부터 운영권 인수 작업을 벌였다. 그러나 미군정은 이를 허용하지 않았다. 9월에 조선전업과 경성전기를 장악한 미군정은 10월 하로드믹스 중위를 관리관으로 파견하여 남선전기를 귀속한 뒤 장직상을 사장으로 임명하였다.

1948년 남한에 단독 정부가 수립되어 미 군정청에 귀속되었던 일본인 재산도 이미 불하한 것을 제외한 85퍼센트 정도가 한국 정부로 인계되었다. 미군정에 의해 전업 3사의 사장으로 임명된 윤일중과 이태환, 장직상은 정부 수립 이후에도 자리를 지켰다. 윤일중은 상공부 전기국장을 겸하였다.

전업 3사는 시설 부족과 가동률 저하, 전력 손실(1953년 37.1퍼센트), 자금 사정 악화 등으로 만성적인 적자에 허덕였다. 게다가 한국전쟁은 부족한 시설마저 파괴해버렸다. 마침내 1951년 5월 국무회의는 전업 3사의 통합을 의결하고, 1953년 7월 상공부 산하에 전기사업체통합위원회를 설치하였다. 이 위원회는 그해 9월 대한전력공사법안을 작성하였으나 이해집단 간의 이견과 국회 심의 과정에

우리나라 에너지 산업의 발자취

서 비판에 부닥쳐 흐지부지되었다.

　그런데 1957년 전업 3사 통합론이 다시 일어나자 이승만 정부는 전업 3사의 귀속주를 매각하고 민영화하기로 결정하면서 '발전회사 귀속주 처리사무협의회'를 구성하였다. 이 협의회는 재무부가 소유한 귀속주를 발전 사업과 배전 사업, 그리고 운수 사업으로 분리하여 1958년 2월 중순까지 매각한다는 방침을 밝혔다. 그러나 민간

1959년 원자로 기공식에 참석한 이승만 대통령

자료: 국가기록원

주주들의 반발로 이마저 지지부진하던 차에 4.19 혁명으로 이승만 정권의 막이 내렸다.

민주당 정부는 1960년 11월 국무회의에서 전기 3사를 통합해 국영화하고 운수사업만 분리해 운영한다는 원칙을 의결하였다. 이듬해 3월 국무회의에서는 한국전력주식회사법안을 의결하고 민의원 상공분과위원회에서 통과시키는 등 법적 절차를 밟았지만 5.16 쿠데타로 중단되었다.

전기 3사 통합으로 한전이 탄생하다

하지만 군사 정부도 민주당 정부의 전력 정책을 승계하여 상공부 내에 전기 3사 통합설립준비위원회를 설치하였다. 쿠데타 한 달 뒤인 6월 23일, 국가재건최고회의에서 한국전력주식회사법안을 의결, 공포하고 6월 24일에는 전기 3사 사장이 합병 계약을 체결하였다. 나흘 뒤 6월 28일에는 경성전기 회의실에서 한국전력주식회사 창립 주주총회를 열어 정관을 의결하고 임원을 선출함으로써 마침내 발전과 송배전을 통합한 단일 국영 전력회사 한국전력(주)이 탄생하였다. 초대 한전 사장에는 육군 소장 박영준이 임명되었다.

한국전력주식회사가 출범한 당시 총 발전용량은 36만 7254킬로와트로 당시 전력수요 43만 5000킬로와트를 밑돌았다. 군사 정부는 긴급대책으로 3개의 디젤발전소를 건설하고 3만 킬로와트급 발전함을 도입하였다. 이어 1962년을 시작으로 제1차 전원 개발 5개년 계획에 착수하였다. 이 계획에 따라 부산 화력 등 5개 화력발전소에 춘천, 섬진강 등 2개 수력발전소를 더해 등 총 40만 2000킬로와트를 신규로 건설하는 한편, 영월 화력을 복구하여 최종 목표연도인 1966년 말에는 발전 설비 용량이 76만 9000킬로와트로 크게 늘었다. 부산 화력 1, 2호기가 가동을 시작한 1964년 4월 1일에는 19년 동안 되풀이되던 제한 송전을 해제할 수 있었다.

그러나 전후 복구 시기를 지나 산업 발전이 본격화하면서 전력 수

1972년 2메가와트 연구용 원자로 준공식 모습

자료: 국가기록원

요는 해마다 20퍼센트를 넘어섰고 1968년 10월에 마침내 100만 킬로와트를 넘어섰다. 이에 따라 1967년 하반기와 다음해 상반기에 걸쳐 다시 제한 송전이 실시되었다. 1967년 시작된 제2차 전원 개발 5개년 계획은 당초 117만 7000킬로와트의 신규 개발 목표를 상향 조정하고, 부족한 투자 재원 마련을 위해 동해전력과 경인에너지, 호남전력 등 3개 민간 전력회사의 발전소 건설을 승인하였다. 국내 정유사가 속속 문을 열면서 정부는 유류 발전 설비의 건설을 독려했고, 2차 계획 기간 말인 1971년에 전체 발전 설비는 262만 8000킬로와트로 늘어났다.

원자력발전, 플루토늄에 대한 열망

1973년 1차 석유 파동 때, 정부는 유류 중심에서 벗어난 전원 다변화를 꾀하였다. 그러나 풍력 등 재생가능에너지에까지 관심을 기울이지는 못하고 당시 세계 시장 확보에 나선 원자력에 우선 주목하였다. 원자력발전은 핵무기에 접근해보려는 나라들에게 좋은 돌파구였다. 이미 한국 정부는 1971년 미국 웨스팅하우스에 고리 원전 1호기를 발주하였고, 1975년 두 번째 발주에서는 공사비가 4배 더 드는 중수로(월성 원전 1호기)로 선택하여 플루토늄에 대한 열망을 드러냈다.

1978년 4월 가동을 시작한 고리 원전 1호기 이후로 우리나라 전

우리나라 에너지 산업의 발자취

1978년 원자력발전소 1호기 준공 및 5, 6호기 기공식 모습

자료: 국가기록원

력 정책은 원자력과 유연탄을 중심으로 이루어진다. 국내 생산량이 줄어든 무연탄 대신 수입 유연탄이 화력발전의 주 연료가 되어 원전과 함께 기저부하로 자리 잡았고, 1986년 천연가스가 본격 도입된 이후에는 기동성 있는 가스발전소가 첨두발전을 담당하는 구조로 현재까지 이어져 왔다.

제5차 전원 개발 5개년 계획이 끝난 1986년 말, 총 발전 설비는 1806만 킬로와트로 1961년보다 49배가 늘어났다. 5차 계획 기간 동안 신규 설비는 원자력이 417만 킬로와트, 석탄화력이 323만 킬로와트로, 늘어난 양의 88퍼센트를 차지하여 원전과 유연탄 중심의 전력 증강 정책이 확고해졌다.

원전의 증가는 새로운 문제를 발생시켰다. 전력 수요는 하루 주기로 변화한다. 산업 활동을 비롯해 사람들이 많이 움직이는 낮에는 많이 쓰고 밤에는 줄어드는 변화 곡선을 그린다. 그런데 원전은 가동을 시작하면 연료 교체 전에는 밤새 가동할 수밖에 없다. 이에 따라 야간 전력의 과잉 현상이 만성화되었다. 한전은 야간 전력 소비 촉진을 위해 1985년 11월 심야 전력 제도를 도입하였다. 야간에 축열식 난방기 등을 이용하는 전력에 대해 요금을 대폭 할인해준 것이다. 심야 전력에 대한 수요는 꾸준히 늘어나 2000년 들어서는 오히려 수요량이 남는 전력량을 넘어서게 되었고, 이를 공급하느라 한밤중에 비싼 가스발전소를 돌려야 하는 난감한 상황이 펼쳐졌다. 결국 심야 전력은 적자를 압박하는 요인이 되면서 한전은 2000년대 후반부터 심야 전력 요금을 대폭 올렸다.

석탄화력과 원전은 용수의 확보와 대기오염, 안전 등의 이유로 대전력 소비처인 도시에서 멀리 떨어진 해안가에 주로 자리를 잡았다. 발전 효율을 위해 규모는 점점 커진 반면 생산 전력을 원거리의 소비처로 전송하기 위해 고압의 송전 시설이 필요하였다.

초고압 송전선 1000킬로미터 시대

1923년 강원도 중대리와 서울을 잇는 66킬로볼트 송전선이 첫 선

우리나라 에너지 산업의 발자취

을 보인 이래로 1937년 154킬로볼트 송전선이 서울-평양 간 170킬로미터, 상주-대전 간 65킬로미터에 건설되었다. 일제하에서는 아직 도시배전 시절이었기에 그리 많은 송전선이 필요하지는 않았다.

해방 후 전력 공급이 늘어나면서 송전선도 확대되었다. 1953년 경인-중부-영남을 잇는 송전 간선이 주축을 이루고 66킬로볼트와 22킬로볼트 지선이 각 지역으로 뻗어나갔다. 1968년에는 154킬로볼트로 대구-부산-울진-대구를 잇는 영남 지역 환상 송전선과 부평-대전-상주-영월-덕소-부평을 잇는 대 환상선이 망을 이루었다. 급격하게 증가하는 서울의 전력 수요에 대응하기 위해 수색을 중심으로 한 수도권 환상망이 1972년에 추가되고, 1976년에는 대전-이리-광주-마산-대구-상주-대전을 잇는 지역 간 대 환상망이 구축되었다.

발전소 규모가 대형화하면서 송전선도 고압화하였다. 1976년에 건설된 신여수 송전선(여수 화력-신옥천 변전소)은 345킬로볼트로 건설되었다. 345킬로볼트 송전선은 2012년 말 8770킬로미터의 전국 및 수도권 환상망을 완료하였다. 한 지역에 발전 시설이 밀집하면서 한전은 1998년 당진 화력-신당진 변전소 구간 54킬로미터에 765킬로볼트 초고압 송전선을 도입하였다. 밀양 주민들의 거센 반발을 뒤로 한 채 2014년 말에 완공된 신고리 원전-북경남 변전소 간 송전선 91킬로미터 등으로 765킬로볼트 송전선도 1000킬로미터를 넘어섰다.

한전은 고압 송전선 건설에 대한 주민들의 민원이 증가하고 지중

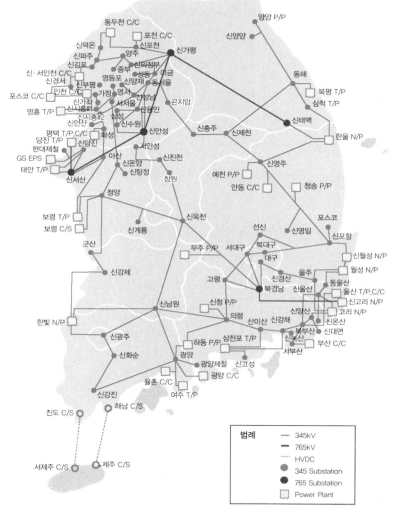

동두천 C/C
양양 P/P
신덕온
포천 C/C
신양양
신파주
신포천
신김포
양주
신가평
신의정부
동해
신·서인천 C/C
중부
성동
미금
북평 T/P
신경서
영등포 신양재 동서울
삼척 T/P
포스코 C/C
인천 C/C
신가좌
가정 영서
서남
곤지암
신태백
영흥 T/P
신시흥#2
서서울
신용인
한울 N/P
신안산
신삼성
신수원 신안성
신충주
신제천
평택 T/P,C/C
화성
서안성
당진 T/P
신당진
신영주
현대제철
아산
신진천
예천 P/P
청송 P/P
GS EPS
신온양
태안 T/P
신탕정
안동 C/C
신서산
창원
청양
보령 T/P
신옥천
포스코
보령 C/S
신계룡
선신
신영일
군산
무주 P/P 서대구
북대구
신포항
신강제
대구
신월성 N/P
고령
월성 N/P
신경산
울주
신남원
신청 P/P
신울산
동울산
한빛 N/P
의령
신양산
울산 T/P,C/C
신광주
산미산 신강해
신고리 N/P
신화순
북부산
신대면
고리 N/P
하동 P/P 삼천포 T/P
신온산
광양
신덕산
서부산
신강진
광양제철 신고성
부산 C/C
율촌 C/C
광양 C/C
진도 C/S
해남 C/S
여수 T/P

서제주 C/S   제주 C/S

범례	
——	345kV
——	765kV
·····	HVDC
●	345 Substation
●	765 Substation
☐	Power Plant

전국의 전력계통도(2015년 5월 기준, 한국전력). 세계에서 가장 촘촘한 망을 보유하고 있다.

화에 따른 비용도 커지고 있어 재생가능에너지와 열병합발전소 등 분산 전력에 대해 관심을 기울이기 시작했으나 아직은 석탄화력과 원전이라는 원거리 대량생산 방식에서 벗어나지 못하고 있다.

한국전력 국내 기업 매출 3위

정부 주도로 전원 개발 계획을 추진하여 어느 정도 전력 산업의 기반을 닦은 정부는 1989년 4월, 사업 기간 13년의 '89 장기 전원 개발 계획'을 끝으로 계획 목표를 '전원 개발'에서 '수급 안정'으로 바꾸었다. 1991년부터는 2년 기간의 '장기 전력 수급 계획'을 5차까지 세우고, 2002년에는 15년 기간의 '제1차 전력 수급 기본 계획'을 수립하여 현재까지 8차 계획이 진행 중이다.

1962년부터 시작된 전원 개발 계획으로 지난 50년간 우리나라의 최종 에너지 소비 구조는 극적인 변화를 겪었다. 그 무렵 농촌은 여전히 호롱불을 밝히고 산에 가서 나무를 해다가 밥을 짓고 군불을 땠다. 개울가의 물레방아는 연일 돌아가며 마을 사람들의 벼와 보리, 밀을 찧었다.

그해 전력 설비 용량은 521메가와트, 발전량은 2165기가와트시였으나 2015년 말에 전력 설비 용량은 10만 1399메가와트, 발전량은 54만 5529기가와트시로 각각 194배, 251배가 늘었다. 보급률은 산간 오지나 작은 섬을 제외하고는 거의 100퍼센트 수준이 되었다.

최종 에너지 소비에서 전력이 차지하는 비중도 점차 늘어나 1970년 3.7퍼센트를 거쳐 1981년 7.8퍼센트, 1990년 10.8퍼센트, 2000년 13.7퍼센트, 2015년 19.0퍼센트로 세계 평균을 넘어섰다.

에너지원별 발전량을 보면 2015년 기준으로 원전이 31.2퍼센트, 화석연료 화력발전이 60.3퍼센트로 전체의 90퍼센트를 넘는다. 원전은 1981년 7.2퍼센트에 불과했으나 급격히 늘어나 1987년에는 전체 발전량의 53.1퍼센트로 최고치를 기록하였다. 그 후 부지 확보의 어려움으로 원전의 비율은 조금씩 줄어들고 그 자리를 석탄화력발전소가 채워나갔다.

전력의 공급과 소비가 늘어난 만큼 전력 산업도 크게 성장하였다. 1961년 판매 전력량은 1189기가와트시에 불과했으나 2015년엔 48만 3655기가와트시로 407배가 늘었으며, 고객 호수는 79만 7000호에서 2203만 호로 전체 일반 가구 수보다 많다. 1인당 소비량은 46킬로와트시에서 9555킬로와트시로 208배가 증가하였다. 2015년 한국전력의 매출액은 58조 9577억 원으로 삼성전자와 현대차에 이어 3위를 차지하였다.

우리나라 에너지 산업의 발자취

06

전력 산업 민영화의
허와 실

한전에 짐이 된 민간 전력회사

1961년 7월, 발전 및 송전 부문의 조선전업과 배전 부문의 경선전기와 남선전기 등 전력 3사가 통합되어 창립한 한국전력주식회사의 독점은 전원 개발에 민간 자본을 끌어들이기 위해 1968년 민간기업의 전력 사업 참여를 허용하면서 일시적으로 후퇴하였다. 이때 쌍용그룹을 주축으로 한 시멘트 업계에서 동해전력주식회사를 설립하여 1970년과 1971년 울산에 화력발전소 1, 2호기를 잇달아 준공하였다. 한국화약그룹은 미국 유니온 오일사와의 합작으로 경인에너지주식회사를 세우고 1970년 인천 율도에 162메가와트 2기를 건설하였다. 호남정유와 럭키그룹은 호남전력주식회사를 설립하여 여천에 300메가와트 2기를 건설하였다.

그러나 이들 민간 전력회사의 발전소 건설 계획은 송배전 계통을 도외시하고 건설 지점 역시 지역적 수급 균형을 외면하여 준공 후 전력 계통 운용에 어려움을 주었다. 또 수요 예측 실패로 설비 투자가 과잉되었을 뿐만 아니라 민간 발전소의 건설비가 한전보다 과다하게 소요되어 결과적으로 이들의 전기를 사주어야 하는 한전의 부담만 늘어났다. 결국 정부는 1971년 10월 민간 발전소 인수 원칙을 수립하고, 1972년 동해전력을, 1973년엔 호남전력을 한전이 인수하도록 하였다. 수도권에 있던 경인에너지는 한전 인도를 거부하고 자체 운영하다가 1994년 (주)한화에너지, 2001년 (주)한국종합에너지를 거쳐 2005년에 포스코가 인수하여 2012년 포스코에너지로 개명하였다.

한편 1970년대 전반 1차 석유 파동을 거치면서 발전 연료값이 폭등하고 포괄증자에 따른 무상주 발생 및 이익 배당금의 부담 등으로 한전의 경영 여건이 악화되었다. 이에 한전은 1976년 장기 재무구조 개선 계획을 수립하여 정부에 건의하였는데, 그 내용은 포괄증자의 폐지와 민간 주식의 정부 매입, 정부 출자의 확대, 감가상각제도의 개선, 최대부하 요금제도의 도입 등이었다. 이를 수용한 정부는 1977년부터 1981년까지 1억 2680만 주의 민간 주식을 매입하여 1982년 1월 한국전력주식회사를 한국전력공사로 전환하였다. 공사가 된 한국전력은 이익배당 및 무상주 발행의 압력을 해소하고, 정부의 지원 강화로 안정적인 사업 수행이 가능해졌으며, 상법 적용 배제로 사무 절차를 간소화하고 공익성을 강화하였다.

우리나라 에너지 산업의 발자취

하지만 어려울 때는 발을 뺐던 민간 자본이 한전의 경영이 안정화되자 다시 비집고 들어올 기회를 노렸고, 시장 만능주의에 경도된 정부 역시 민간 자본의 요구를 받아들였다. 1988년 6월, 포항제철이 국민주 1호로 주식시장에 진입한 데 이어 1989년 8월 한전이 국민주 2호로 상장되어 공사주식의 21퍼센트가 국민주로 매각되었다. 1994년 10월에는 신자유주의 세계화와 금융 자율화 바람을 타고 뉴욕증권거래소에 3억 달러어치의 주식예탁증서를 상장하였다.

금융 위기로 한전 부분 매각 시도

국가 부도 사태에 직면하여 IMF로부터 구제금융을 받은 1997년 12월은 한국 경제 혹한기의 시작이었다. 부실 대기업은 물론 건실한 기업까지 자금난에 몰려 헐값에 넘어가고 정부는 공적 자금을 투입하여 부실채권을 떠안았다. 공기업은 구조조정과 경영 합리화라는 이름으로 대거 민영화로 내몰렸다.

세계 유수의 인프라를 보유한 한전도 예외는 아니었다. IMF의 강요에 의해 정부는 1999년 1월 전력 산업 구조개편 기본 계획을 수립하였다. 우선 1단계로 한전의 발전 부문과 송배전 부문을 분리하고, 2단계로 2008년까지 도매 배전 및 판매 부문을 분할하여 단계적으로 민영화하며, 3단계로 2009년에 가계 소비자까지 시장을 개방한다는 시간표를 제시하였다. 송전 부문은 설비의 특성상 독점

GS파워 부천 열병합발전소 모습. 2000년 6월 GS파워는 한국전력과 지역난방공사로부터 부천과 안양의 열병합발전소 및 지역난방 시설을 인수하였다.

공기업으로 유지한다는 방침이었다.

이에 따라 한전은 2001년 4월, 발전 부문을 한국수력원자력(주)와 한국남동발전(주), 한국중부발전(주), 한국서부발전(주), 한국남부발전(주), 한국동서발전(주) 6개 회사로 분할하고, 이 중 남동발전부터 매각 절차에 들어갔다. 그러나 남동발전의 매각은 공고가 나간 뒤 불과 5개월 만에 중단되었다. 입찰을 준비 중이던 4개사가 최종적으로 불참 의사를 밝혔기 때문이다. 이들은 불투명한 국내외 경제 여건과 투자자들의 내부 사정이라고 했지만, 수조 원대의 발전회사를 인수할 수 있는 곳은 대기업이나 외국 자본뿐이라는 현실을 확인시켜주었다.

발전회사의 민영화가 지지부진한 가운데 정부는 2004년 6월 열린 제70차 노사정위원회 공공부문 구조조정특별위원회의 정책 권

우리나라 에너지 산업의 발자취

고에 따라 배전 부문 분할 중단을 선언하였다. 이후 노무현 정부에서 전력 산업 민영화 논의는 중단되었다.

보수 정부의 한전 민영화 정책

그러다가 2008년 이명박 정부가 인수위원회 시절부터 공공 부문 민영화를 정책 과제로 제시하며 드라이브를 걸었다. 그러나 미국산 소고기 수입을 계기로 촉발된 촛불집회가 수개월을 지속하면서 집권당인 한나라당은 6월 18일 "수도와 전기, 가스, 건강보험의 민영화를 이명박 정부 임기 내에는 절대 추진하지 않겠다."라고 선언하였다. 하지만 이명박 대통령은 이튿날 담화에서 '공기업 선진화'라는 표현을 사용하여 여지를 남겨두었다. 2011년 1월에는 한전의 발전 부문 6개 자회사를 시장형 공기업으로 지정하여 언제든지 민영화를 진행할 수 있도록 하였다.

이명박 정부에서는 삼성물산과 동양, 동부, 대우건설, 현대산업개발 등 에너지 및 건설 자본이 대거 참여하여 민간화력발전소가 꾸준히 늘었다. 2001년 6.6퍼센트에 불과하던 6개 발전회사 대비 점유율은 임기 첫해인 2008년 8.1퍼센트를 거쳐 임기 말인 2012년에는 19.3퍼센트까지 늘어났다. 설비 용량으로 보면 5개 화력발전소 중 1개가 민간 발전소인 셈이다. 2013년 2월에 발표한 제6차 전력 수급 기본 계획에 따르면 2027년까지 민자 발전은 총 1만 1760메가와트의 발전 설비를 추가로 건설할 예정이었다.

박근혜 정부도 에너지 공기업의 민영화 기조를 이어받았다. 2016년 6월에 발표한 에너지, 환경, 교육 분야 공공기관 기능 조정 방안에서 정부는 △한전이 독점하고 있는 전력 판매(소매) 분야 규제를 완화하고 단계적 민간 개방을 통해 경쟁 체제 도입, △가스공사가 독점하고 있는 가스 도입 및 도매 분야는 민간 직수입 제도 활성화를 통해 시장 경쟁구도를 조성한 후 2025년부터 단계적으로 민간에 개방, △발전 5사와 한수원, 한전KDN, 한국가스기술 등 8개 기관의 지분 20~30퍼센트를 상장하여 민간 자본 유치, △자본잠식과 부채가 많은 석탄공사와 광물자원공사의 단계적 축소 등을 제시하였다. 이미 민간에 의해 장악된 석탄과 석유에 이어 가스와 전력도 꾸준히 민간에 개방하겠다는 정책 방향이었다.

자본은 이익을 취할 수 있는 곳이면 어디든, 무엇이든 가리지 않는다. 다만 힘이 부치는 분야는 국가에 양보하고 그 분야가 틀을 갖추면 비집고 들어가 영역을 확보한다. 우리나라 전력 산업에서도 이런 양태는 그대로 드러나는데, 해방 이후 몇 차례의 민영화 시도와 국영 또는 공영으로의 회귀를 거쳤다.

민관 혼합 형태의 지배 구조를 가지고 있던 해방 후 전업 3사는 1961년 한국전력주식회사로 통합되어 대주주인 정부의 주도로 운영되었다. 전원 개발이 본궤도에 오른 1968년 민간 발전소를 개방하여 동해전력과 경인에너지, 호남전력 등 3개 민간전력회사가 생겼으나 이익을 내기 어려워지자 1970년대 초 2개 회사는 한국전력

우리나라 에너지 산업의 발자취

에 발전소를 넘기고 물러났다.

1970년대 후반 정부가 전력 다소비 업종인 중화학공업에 집중하고 초기 투자비용이 큰 원전 건설을 추진하면서 한전의 민간 소유 주식을 매입하여 1982년 온전한 국영기업인 한국전력공사로 재출발하였다. 1980~1990년대 한국전력공사는 원전과 석탄화력발전소를 대거 건설하여 심야 전력 등 전력 소비 촉진에 나서는 상황이 되었다. 그러자 발전, 송전, 배전을 독점하고 있는 한국전력공사는 다시금 민간 자본의 먹잇감이 되었다.

캘리포니아, 전기 공급이 중단되다

공공 부문에 민간 회사가 끊임없이 숟가락을 얹는 것은 다른 나라도 마찬가지이다. 일찍이 영국은 마거릿 대처 수상이 이끈 보수당에 의해 1991년 전력 산업이 민영화되었다. 레이건 대통령의 신자유주의 정책에 편승해 캘리포니아를 비롯한 미국의 여러 주에서도 전력 산업 민영화를 진전시켜 1996년 전력 시장이 들어섰다.

그러나 이들 민영화 국가의 성적은 매우 부정적인 결과로 나왔다. 영국은 경쟁 도입 초기 요금을 규제하여 1990년에서 2003년까지 14년간 소비자 요금이 12.7퍼센트 올랐으나, 요금 규제가 폐지된 2004년부터 불과 2년 만에 51.7퍼센트나 올랐다. 미국은 더 비관적이다. 2001년 1월 17일과 18일 이틀간 캘리포니아주에서는 제2차 세계대전 이래 처음으로 전기 공급이 중단되는 사태가 발생하였다. 3월 19일에는 주 남부 지역이, 5월 7일과 8일에는 주 전체가 다시 정전되었으며, 그해 여름이 되어서야 전력 공급이 안정화되었다.

캘리포니아 정전 사태의 원인은 △전력 산업에 경쟁이 도입된 후 전력 사기업들은 손쉽게 거래를 통한 수익 창출에 몰두할 뿐 발전 설비 확충을 하지 않았고, △전력 사기업들이 담합하여 발전 설비 용량 3분의 1을 수리와 점검을 핑계로 정지시켜 전력 시장을 조작하였으며, △전력 공급을 책임지던 정부의 역할이 축소되어 이러한 상황에 대비할 수 없었다는 데 있다. 반면 캘리포니아 지방의 전력 공기업 새크라멘토전력공사SMUD는 전기를 직접 생산하여 공급

2001년 캘리포니아주 샌디에이고시의 순환정전 모습.
전력 시장의 경쟁 도입이 이런 사태를 불러왔다.

우리나라 에너지 산업의 발자취

하고 이익이 나지 않아도 전기 생산을 계속하여 정전 사태 기간에도 충분한 전력을 확보할 수 있었으며, 1990년대 후반에는 원료비 하락을 반영하여 전기요금을 낮추기도 하였다.

전력은 대규모 송배전 시설이 통합적으로 관리되지 않으면 대정전(블랙아웃) 사태에 이를 수 있는 에너지이다. 발전 시설이 첨두수요(부하)의 변화에 빠르게 대응해야 하는 것은 물론이다. 이런 특성을 감안할 때, 공급 안정성을 확보할 수 있는지가 전력 산업 구조의 첫째 기준이 되어야 한다.

한전 본사 부지 매각이 남긴 교훈

이익 추구가 최대의 목적인 민간 기업을 다수 참여시킬 때는 반드시 전력 공급의 안정과 공익을 위해 개별 사기업을 통제할 수 있는 체계를 갖추어야 한다. 사기업은 수익이 나지 않고 자본이 잠식되면 철수를 하든지 가동을 줄인다. 따라서 사기업이 다수 참여하는 상태에서는 공급 안정을 위한 제어 장치 또한 반드시 전제되어야 한다. 이런 구조는 공기업으로 유지하는 것이 가장 효율적이다.

2014년 9월에 있었던 한전의 본사 부지 매각 사례는 혼합 기업 한전에서 민간 자본이 어떻게 움직이는지 잘 보여준다. 당시 한전은 삼성동 본사 부지를 현대자동차에 10조 5500억 원에 팔면서 매각대금 모두를 부채 상환에 사용하겠다고 밝혔다. 그러나 이듬해 한전은 당시 59조 원의 부채에도 불구하고 부채 상환에 5조 5176억 원을, 배당에도 7360억 원을 배정하였다. 한전의 민간 주주에게 부채는 중요치 않다. 그들에게는 주가를 높여줄 배당률이 중요하다. 만약 한전의 부채가 감당할 수준을 넘어서고 자본이 심각하게 잠식되는 상황이 되면 민간 자본은 빠지고 다시 국가가 인수하여 뒤처리를 해야 할 것이다.

공기업의 효율화와 민영화는 동일어가 아니다. 공기업으로 유지할 필요가 있는지 먼저 판단하고, 그다음에 어떻게 효율적인 운영을 담보할 것인지 논의해야 한다. 우리나라 국민연금은 대통령 파면 사태에 이르기까지 제대로 된 점검 한번 하지 않았지만, 네덜란드연기금은 투자한 기업에 문제가 생길 때마다 연금이 과연 주주로서 책임을 다했는지 낱낱이 따진다. 다양한 주체와 소비자가 참여하는 이사회 구성, 시행착오를 경험으로 축적하는 복기 구조, 그리고 투명 경영 등 공공 부문의 효율화는 그 나름의 절차와 방식이 필요하다.

우리나라 에너지 산업의 발자취

2부

21세기 에너지 산업은
어디로 가는가

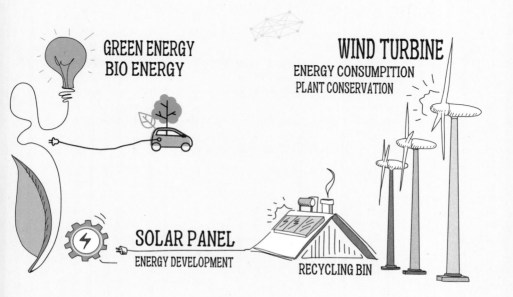

GREEN ENERGY
BIO ENERGY

WIND TURBINE
ENERGY CONSUMPITION
PLANT CONSERVATION

SOLAR PANEL
ENERGY DEVELOPMENT

RECYCLING BIN

01

독일의 재생에너지 산업이
성공한 까닭

에너지의 95퍼센트를 수입하는 한국

"독일은 제조업 분야에서 세계적 경쟁력을 가진 나라지만 제조업을 보완할 수 있는 새로운 산업을 키웠다. 대표적인 것이 에너지 신산업이다. 독일은 태양광 생산량의 65퍼센트 이상을 수출하고 있고 풍력발전도 수출 비중이 70퍼센트에 육박한다. 그 결과 독일의 신재생에너지 산업은 국내 시장을 넘어 새로운 수출 산업으로 빠르게 성장하였다. 독일이 새로운 산업으로 키운 신재생에너지 산업은 기존 산업이 쇠락하면서 감소한 일자리도 채워주고 있다. 2014년 기준으로 기존 산업에서 감소한 일자리보다 많은 37만 개의 일자리가 에너지 신산업에서 나왔고 2020년에는 50만 개로 증가할 것이라고 한다."

2016년 7월, 박근혜 정부의 주형환 산업통상부 장관이 언론에 기고한 글이다. 산자부는 그해 대통령 업무보고를 시작으로 '에너지 신산업 융합 얼라이언스' 개최, 에너지 규제개혁 협의체 구성, 전력 빅데이터 개소 등 다달이 각종 지원 정책과 방안을 선보였다.

재생가능에너지를 확대하여 에너지 체제를 전환하는 것은 여러 모로 도움이 된다. 무엇보다 1차 에너지원의 95퍼센트를 해외에서 수입하는 취약한 에너지 안보를 강화해야 하고, 이와 함께 화석연료 연소에 따른 온실가스 배출을 감축하여 기후변화에 대응하고 미세 먼지를 줄여야 한다. 더구나 재생가능에너지를 전기나 열에너지로 변환하고 소비하는 과정은 국내에서 이루어지므로 수입 에너지원 보다 국내 경제와 고용에 기여하는 바가 크다. 이제라도 정부가 재생가능에너지의 확대에 관심을 쏟는 것은 반가운 일이다.

주형환 장관은 "독일이 하고 있는 실험을 우리가 못할 이유는 없다. 문제는 의지와 실천이다."라고 하였다. 우리는 과연 독일의 성공을 따라갈 수 있을까. 회수를 건너와 심은 귤이 탱자가 되지 않으려면 어떻게 해야 할까.

회수 이북에서 귤이 탱자가 된 것은 기후 조건이 바뀌었기 때문이다. 독일의 재생가능에너지 산업이 성공할 수 있었던 조건을 무시하고 그 결과에만 눈을 돌려서는 제대로 된 성과를 낼 수 없다. 독일의 재생가능에너지 산업을 꽃피운 토양은 바로 기준 가격 의무 매입제FIT이다.

재생가능에너지 생산비를 보장하는 독일

독일 정부는 1990년 '재생가능에너지 전력망 접속법StrEG'을 제정해 전력 공급업체에게 재생가능에너지로 생산한 전력을 우선적으로 매입하고 가격은 소매가격을 적용하도록 하였다. 풍력발전과 태양광발전을 기저부하로 받아들이고 아직 생산 비용이 높은 것을 감안해 가격도 석탄이나 원자력발전보다 더 쳐준 것이다.

이 무렵 풍력은 그 정도의 지원으로도 이미 경쟁력을 갖추었지만 태양광발전은 소매가격으로는 부족하였다. 이를 넘어선 것은 독일 서부의 아헨시 정부였다. 아헨시는 1994년 생산비 보장 매입 제도를 내용으로 하는 조례를 제정하여 시민이나 조합 등에서 태양광발전 같은 고비용 기술도 과감히 채택할 수 있는 길을 열어주었다.

2000년 독일 연방 정부(사민당과 녹색당 연립 정부)는 StrEG의 전력망 접속 우선권과 아헨의 생산비 보장을 반영한 재생가능에너지법을 제정하였다. 이로써 독일은 재생가능에너지원으로 생산한 전기는 생산비를 보장하는 가격으로 15년 동안 우선적으로 매입하는 FIT 제도를 완성하였다.

오늘날 독일의 재생가능에너지원 발전 용량이 중국, 미국에 이어 세계 3위를 차지하고, 1차 에너지원에서 재생가능에너지의 공급 비율이 18퍼센트(우리나라는 1퍼센트)를 넘어선 데는 바로 기준 가격 의무 매입제FIT라는 토양이 있었기 때문이다. 그리고 이 토양 위에서 독일의 에너지 신산업은 꽃을 피웠다.

21세기 에너지 산업은 어디로 가는가

우리나라는 2003년 FIT 제도를 도입하여 실시하다 이를 폐지하고 2012년부터 공급 의무화 제도RPS로 바꾸었다. 공급 의무화 제도란 500메가와트 이상의 용량을 갖춘 대형 전력회사들에게 일정량의 전력은 재생가능에너지로 생산하여 공급하도록 의무화하는 제도이다. 재생가능에너지로 발전을 하는 사업자는 생산한 전력을 한전에 그날 가격으로 판매하고, 정부에서 1메가와트시 단위로 발급한 인증서REC를 의무 공급자에게 팔아 수지를 맞춰야 한다. 즉 RPS 제도란 재생가능에너지원으로 발전한 전기를 모두 사주는 것도 아니고 또 생산자 스스로 수지를 맞추어야 하는 제도이다.

석탄화력발전소의 증가로 한전의 전력 구매 가격이 크게 떨어진 데다 REC 가격마저 불안정하게 등락하니, 소규모 태양광발전을 하는 개인이나 협동조합은 수지를 맞추지 못하는 상황에 처하였다.

2003년부터 RPS 제도를 도입한 일본은 2011년 후쿠시마 원전사고 이후 '재생가능에너지 전량 매입법'을 제정하여 2012년 7월부터 시행하고 있다. FIT로 바꾼 이후 일본의 태양광발전 설비량은 6배 이상 늘어나 재생가능에너지 발전 용량에서 세계 6위로 올라섰다.

20대 국회에는 손금주, 고용진, 우원식 의원 모두 71명의 의원이 발의한 신재생에너지법 개정안이 올라와 있다. 100킬로와트 이하 소규모 재생가능에너지 발전 사업자들을 FIT 제도로 지원하자는 내용이다. 19대 국회에서도 이 같은 내용의 법안이 발의되었지만 정부의 반대로 깊이 있는 심의가 이루어지지 못한 채 폐기된 바 있다.

우리가 진정 독일의 경험을 배워 에너지 신산업을 육성하려면 그

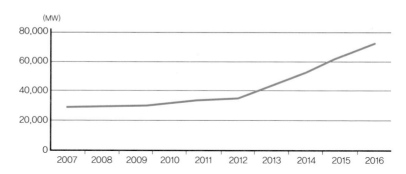

제도 변경 전후 일본의 재생가능에너지 누적 설비용량. 2012년 RPS에서 FIT로 갈아탄 일본은 횡보하던 재생가능에너지 설비 용량이 급속히 늘어나 4년 만에 두 배가 되었다.

토대가 되었던 기준 가격 의무 매입제를 다시 도입하여 재생가능에 너지에 대한 실질적인 지원을 펼쳐야 한다. 회수를 건넌 굴이 탱자 가 되지 않기를 바란다면 말이다.

21세기 에너지 산업은 어디로 가는가

02

지붕과 옥상에
태양광발전기를 올리자

전국을 태양광 패널로 덮어야 한다고?

문재인 정부는 출범 이후 새로운 에너지 정책으로 미세먼지의 주요 원인인 석탄화력발전소의 가동 축소, 안전성에서 치명적인 원전의 단계적 축소 등을 내세우고 있다. 언론은 이런 정책 방향에는 이의를 달지 못하면서도 원전 산업계와 학계의 반발, 전기요금 인상 등을 거론하며 부정적인 시선을 끼워넣기에 바쁘다.

석탄화전과 원전을 줄이면 전력 수요는 무엇으로 메울까? 우선은 수요 자체를 줄여야 한다. 우리나라는 경제 규모가 세계 15위이지만 에너지는 7번째로 많이 쓴다. 에너지 효율을 나타내는 에너지 원단위는 일본이나 독일보다 약 2.6배가 높다. 즉 같은 제품을 생산하면서 우리는 일본이나 독일보다 2배 이상 에너지를 쓴다는 말이다. 우리나라가 현재 기술적, 경제적으로 사용 가능한 에너지 효율 기술을 모두 채택하면 전체 에너지 소비의 6분의 1을 줄일 수 있다는 연구 보고도 있다.

전력 생산 측면에서는 재생가능에너지의 활용도를 높여야 한다. 태양에너지와 풍력에너지 등 재생가능에너지는 수입하지 않는 에너지이고 환경오염과 온실가스 배출을 줄일 수 있는 에너지라서 선진국에서는 이미 20세기 말부터 각종 지원책을 통해 보급에 힘을 기울여왔다. 21세기 들어서는 신흥 개도국 중국이 신성장 산업에서 주도권을 잡으려고 투자를 집중하여 투자액뿐만 아니라 발전 용량에서도 세계 1위로 올라섰다. 발전 용량의 경우 미국, 독일, 일본이 뒤를 잇지만 중국과의 격차가 크다.

누군가가 물었다. "우리가 쓰는 전기를 대려면 우리나라 전체를 태양광 패널로 덮어야 한다면서요?" 지극히 의도적인 흑색선전이

3차 산업혁명의 핵심은 에너지 소비처인 모든 건물이 발전소가 되는 것이다. 태양광발전의 95퍼센트가 소규모인 일본의 한 마을.

자료: 교세라

21세기 에너지 산업은 어디로 가는가

아닐 수 없다. 우리나라 재생가능에너지의 이론적 잠재량은 최종 에너지 소비량의 약 100배, 활용 가능한 지리적 조건을 감안하면 약 20배, 현재 이용할 수 있는 기술적 잠재량만 해도 약 5배 수준이다.

이미 대규모 태양광발전은 상당한 경쟁력을 갖추어 현재의 불충분한 지원 제도 아래서도 신규 설비가 증가하고 있다. 정부에서 관심을 기울여야 할 부분은 개별 주택이나 건물의 지붕, 옥상 등에 설치하는 소규모 태양광발전 설비이다. 실제 2012년 태양광발전 설비에서 소규모가 차지하는 비율을 보면 독일은 70퍼센트, 미국은 60퍼센트 수준이며, 일본은 95퍼센트에 이른다. 이들 나라에서는 태양광발전 설비로 인한 환경 파괴 논란이 일지 않는다.

발전사업자 등록이 너무 복잡하다

———

그렇다면 우리나라에서 주택과 건물의 지붕, 옥상에 태양광발전 설비를 보급하려면 어떤 정책적 노력이 필요할까? 우리 정부도 재생가능에너지 보급을 늘리기 위한 지원 사업을 시행해왔다. 우선 태양광발전이나 태양열발전, 소형 풍력발전 설비를 설치하려는 주택에 일정 금액을 지원하여 보조한다. 태양광발전의 경우 지원금을 받아 설치하고 자가 소비 후 남는 전기로 비용을 상쇄할 수 있다. 2015년까지 22만여 가구에 태양광발전이 보급되었다. 하지만 한정된 재정으로 설치 보조금을 주는 데는 한계가 있다. 주민들이 자발적으로 발전기를 설치할 수 있도록 해야 한다.

자비나 융자로 발전기를 설치하여 발전사업자가 되는 경우는 한전과 전기수급계약을 맺어 전기를 팔고 에너지공단에서 재생에너지 발전인증서REC를 받아 입찰 과정을 통해 대형 발전사에 판다. 한전에서 전기를 구매하는 가격은 매일 변하는데 현재는 약 킬로와트시당 90원 수준이다. REC 가격 역시 시장 상황에 따라 7만 원에서 15만 원까지 변화한다. 사정이 이렇다 보니 자비를 들여 소규모로 지붕이나 옥상에 설치하려는 사람이 드물다.

살고 있는 집의 지붕이나 옥상에 자비로 태양광 발전기를 설치한다고 생각해보자. 설치비 전액을 자비나 융자로 부담할 경우 자가 소비나 소비 전력과 상쇄하는 것으로는 타산이 맞지 않는다. 비싸게 생산하고 싸게 파는 셈이니 누가 설치를 하겠는가? 아니면 발전사업자로 등록해 한전에 전기를 팔고 공급의무 발전사에 인증서를 팔아야 하는데, 수익에 비해 일이 많을 뿐만 아니라 수지를 맞춘다는 보장도 없다.

모든 건물을 발전소로 만들자

하지만 독일과 같이 기준 가격 의무 매입제FIT로 하면 개별 소규모 발전 설비 설치자들은 발전사업자로 등록할 필요 없이 한전에 신고하기만 하면 된다. 그러면 설치한 해의 기준 가격에 따라 장기 구

21세기 에너지 산업은 어디로 가는가

매를 해주므로 단순 소비자에서 생산자가 되어 전력 생산의 수익을 나눌 수 있다.

2003년 기준 가격 매입 제도를 도입할 당시 차액으로 지원되는 돈은 킬로와트시당 500~700원 수준이었다. 그러나 세계적인 보급 확대에 힘입어 태양광발전 단가가 급속히 하락하여 현재는 100~200원 수준이면 수익을 낼 수 있는 상황이 되었다. 기준 가격은 국내 보급이 확대되면 더 빠르게 낮아져 머지않아 지원을 받지 않아도 되는 그리드 패리티(기존 발전원과 비슷한 수준)에 도달할 것으로 예상된다.

재생가능에너지와 정보통신 산업의 융합으로 진행되고 있는 3차 산업혁명의 핵심은 모든 전기 소비 건물이 발전소가 되는 것이다. 전력을 소비하고 있는 수많은 주택과 건물, 공장이 태양광발전소가 되고, 더 필요한 산업용 전기를 위해 유휴지나 임야 등에 해상풍력단지나 대규모 태양광발전단지 등이 추진되어야 한다. 그리고 지붕과 옥상에 태양광발전기를 올리는 가장 빠른 길은 소규모 재생가능에너지 발전 시설에 대해 기준 가격 의무 매입 제도를 통해 지원하는 것이다.

03

에너지 생태계가
바뀌고 있다

에너지 체제는 시대에 따라 바뀐다

인류는 150만 년 전 불을 사용하면서 엄청난 변화를 시작하였다. 인간의 힘은 미약하기 짝이 없지만 자연의 에너지를 활용하면서 다른 동물들과 비교할 수 없는 존재가 되었고, 서기 1년에 2억 명이던 인구는 오늘날 76억 명이 넘는 대가족으로 불어났다.

오랫동안 인류는 주변에서 쉽게 구할 수 있는 나무를 연료로 사용하였다. 세월이 흘러 부잣집이나 대장간에서는 연기가 적고 열량이 많은 숯을 쓰기도 했지만, 이 역시 나무를 이용한 것이다. 목재와 숯을 사용하는 바이오연료 시대는 150만 년을 이어왔다. 지금도 약 27억 명은 가정용 연료로 나무를 때고 있다.

석탄이 에너지원으로 대접을 받기 시작한 것은 불과 900년 전의

21세기 에너지 산업은 어디로 가는가

일이다. 석유는 1859년에 비로소 상용화되었다. 천연가스는 제2차 세계대전이 끝난 뒤 본격적으로 사용되었다. 수십억 년 지구가 기르고 분해하고 압축하고 걸러서 만들어낸 화석연료는 에너지 밀도가 높고 수송하기도 편해 인류의 문명을 극적으로 발전시켰다. 1차 산업혁명이 일어날 무렵 약 5억 명이던 세계 인구는 석유를 사용하기 시작한 19세기 말 약 12억 명으로 늘어난 뒤 20세기에만 5배 이상 늘었다. 오늘날 인류의 물질문명은 온전히 화석연료에 힘입은 바 크다.

제2차 세계대전의 막을 내리게 한 원자폭탄은 자연에 존재하지 않던 새로운 핵분열 에너지를 활용하는 길을 열었다. 1960년대 상용화한 핵에너지는 전 세계 에너지 공급의 약 5퍼센트를 차지하지만 근본적으로 제어하기 어려운 안전 문제로 이미 세 차례 원자로 용융 사고를 일으키고, 핵폐기물 처리라는 난제를 안은 채 점차 경제성마저 다른 에너지원에 뒤떨어지게 되었다.

1970년대의 두 차례 석유 파동은 화석연료가 한정된 매장 자원이라는 사실을 새삼 깨닫게 해주었다. 각국은 새로운 대체에너지 개발에 나섰고 늘 우리 곁에서 힘을 보태주었던 풍력과 지열, 태양에너지가 주목을 받았다. 그동안 화석연료의 도움으로 놀랍게 발전한 과학기술은 이런 재생가능에너지원을 활용하는 방법을 제공해주었다.

1992년에 유엔환경회의가 기후변화협약을 채택한 이후, 당사국 정상들은 1997년 교토의정서에 이어 2015년 파리협정이라는 행동 계획을 수립하였다. 파리협정에서 G7 정상들은 지구온난화를 부추기는 온실가스의 80퍼센트를 배출하는 화석연료의 사용을 21세기 안에 종식시키자고 촉구한 바 있다. 한편 원자력발전 비중이 가장 높은(75퍼센트) 프랑스는 2026년까지 그 비중을 50퍼센트로 낮추는 대신 재생가능에너지 비중을 두 배로 높이기로 하였다.

이렇듯 에너지 체제는 당시 사회가 처한 상황에 따라 변화해왔다. 21세기 현재의 에너지 체제는 화석연료와 핵에너지 중심에서 재생가능에너지 중심으로 빠르게 전환하고 있다.

대량생산, 대량소비로 이끈 에너지 산업

바이오연료 시대에 인류는 자급자족을 하였다. 짚이나 옥수숫대 등 농업 부산물, 그리고 주변 야산에서 나무를 해다가 밥을 짓고 군불을 땠다. 부잣집에 나무를 대는 나무꾼이야 개별 노동자에 가깝고, 굳이 연료 산업이라고 한다면 부유층과 대장간 등의 숯 수요를 대기 위해 대량으로 목탄을 생산한 숯가마를 들 수 있겠다.

하지만 바이오연료와 달리 석탄과 석유, 천연가스는 산업혁명을 이끈 에너지 산업이다. 이 화석연료 삼형제의 채굴과 수송, 공급에는 막대한 자금과 장비, 인력이 필요하다. 해당 자원이 어느 곳에 어느 정도 묻혀 있는지, 경제성은 있는지 탐사해야 하고, 해당 지역에 채굴 설비와 수송 인프라를 구축해야 한다. 게다가 화석연료는 특

21세기 에너지 산업은 어디로 가는가

정 지역에 매장되어 있는 엘리트 에너지라서 채굴한 자원을 다수의 소비국으로 옮겨야 하므로, 대규모 파이프라인을 설치하든지 갑판에 3~4개의 축구장을 그릴 수 있는 20층 아파트 크기의 유조선과 LNG선의 도움을 받아야 한다. 소비지에서는 이를 정제하거나 상태를 변화시켜 공급하는 유통망을 갖추어야 한다.

따라서 화석연료 산업은 지금도 가장 규모가 큰 산업이다. 2017년 매출액 기준으로 세계 10위 기업 중 5개 기업이 석유가스회사이다. 경제지 《포춘》이 선정한 세계 500대 기업(2017년)에 따르면, 중국 국영 석유회사 시노펙그룹과 중국석유공사CNPC가 나란히 3, 4위를 차지했고, 로열더치셸이 5위, 영국석유BP가 8위, 엑손모빌이 9위에 올랐다. 이들의 연 매출액은 각각 260조 원을 넘는데, 시노펙그룹은 약 359조 원의 석유와 가스를 팔았다.

19세기 말부터 사용한 전력은 중앙 집중형 대규모 산업의 대표가 되었다. 전기는 생산하고 즉시 사용하여야 한다. 사용하지 않으면 사라진다. 양수발전을 통해 물의 위치에너지로 저장하기도 하고, 요즘에는 축전지 성능이 높아져 필요에 따라 저장 시설을 갖추기도 하지만 손실이 따른다. 생산하는 대로 사용하는 것이 여전히 효율적이다. 따라서 발전소에서 소비지까지 그리고 각 가정과 건물, 산업 시설까지 하나의 전력망으로 연결하여야 한다.

수력발전소는 댐을 건설할 수 있는 곳에 지어야 하므로 처음부터 도시와 떨어져 있었고, 화력발전소는 초기에 소비지 근처에 지었지만 규모의 경제를 위해 대형화하면서 오염물질을 포함한 배기가 문제가 되었고, 또 물을 쉽게 구할 수 있는 곳이 필요하므로 도시에서 멀리 밀려났다. 원자력발전소는 무엇보다 안전 문제가 중요하므로 주민들이 적고 물이 풍부한 오지 해안을 찾아 나섰다. 내륙의 강가에 세우려면 거대한 냉각탑이 필요하였다.

주민이 적은 지역에 세우는 대형 발전소와 그 전기를 소비지로 끌어오는 송전망, 소비지에서 각 수용가로 전기를 보내는 촘촘한 배전망을 갖춘 전력 산업은 단일 종목으로는 가장 큰 산업이다. 중국의 전력회사 중국전망공사는 월마트에 이어 세계 2위의 매출액을 자랑하는 기업이다. 우리나라에서는 한국전력이 자산과 매출에서 삼성전자와 현대자동차에 이어 3위를 차지한다.

이렇게 중앙 집중화한 관리 체계의 지배를 받는 대규모 에너지 수급 체계에 기반을 둔 현대 산업사회는 대량생산, 대량소비의 구조적 특성을 갖게 되었다.

소생산자들이 전력 산업에 진입하다

그런데 에너지 생태계에 근본적인 변화가 일어났다. 대형 기업에 의해 중앙 집중화한 전력 수급 체계에 다수의 소생산자가 들어오기 시작한 것이다. 1980년대 초 미국 캘리포니아와 유럽 중북부 국가들에 풍력발전기가 설치되기 시작하였다. 불과 수십 킬로와트에서 1메가와트 용량에 이르는 풍력발전기가 한 곳도 아니고 여러 곳에

21세기 에너지 산업은 어디로 가는가

흩어져 설치되었다. 1990년대부터 본격적으로 보급되기 시작한 태양광발전은 더욱 작아서 지붕형의 경우 불과 수 킬로와트짜리이다.

이미 석탄화력발전소도 수백 메가와트급으로 대형화하였고 원전은 1400메가와트급이 건설되고 있으니, 재생에너지발전기의 용량은 작아도 너무 작다. 최근에 지어진 영흥도 석탄화력발전기의 용량은 800메가와트급이다. 5메가와트의 대형 풍력발전기로 같은 전력을 얻자면 160기를 설치해야 하고, 5킬로와트(패널 17장)짜리 태양광발전기를 단다면 16만 호의 지붕에 올려야 한다. 이러니 한 곳에서 대규모로 생산하여 중앙 집중화한 망을 통해 공급하던 전력 기업들이 달가워할 리가 없다.

소생산자들의 시장 진입에 저항하는 것은 우리나라 한전만이 아니다. 독일의 송배전은 에온E.ON과 에르베에RWE, 에엔베베EnBW, 바텐팔Vattenfall 등 4개 대형 전력회사가 차지하고 있는데, 이들도 재생가능에너지법이 시행된 2000년 이전부터 원전의 단계적 축소와 재생가능에너지 확대에 제동을 걸어왔다. 광고와 언론을 통해 재생가능에너지에 대한 지원이 전기요금을 올리고 있으며 전력 공급에 불안정을 초래한다고 지속적으로 선전하였다. 2011년 후쿠시마 원전사고 직후, 메르켈 정부가 신형 원전 수명 연장 약속을 뒤엎자 에르베에 대표 그로스만은 정부를 상대로 소송을 제기하기도 하였다.

27퍼센트를 넘어선 독일 재생가능에너지

그러나 독일 소비자들은 그 정도의 추가 비용은 기꺼이 수용하였고, 전력 설비의 기술 수준은 전력망의 안정성을 지켜냈다. 수요 시간과 일치하지 않는 단속적인 발전은 이웃 나라들과 전력 수출입, 또는 저장 장치의 보급으로 극복해 나아갔다. 1990년 독일의 전력 공급량에서 불과 4.1퍼센트였던 재생가능에너지는 2000년 7.2퍼센트를 거쳐 2005년 10.7퍼센트, 2010년 17.7퍼센트로 급격히 늘어나 2014년에는 27.5퍼센트로 전체의 4분의 1을 넘어섰다.

이 중 태양광발전과 풍력발전의 3분의 2 이상이 시민 참여형 소규모 발전이다. 소수의 대형 전력회사에 의해 독과점되던 전력 산업에 대규모 소생산자들이 쏟아져 들어온 것이다. 재생가능에너지 발전율이 10퍼센트를 넘으면서 전력회사들이 대응하려 했지만 기존 방식이 효율적이고 경제적이라는 믿음과 비대해진 덩치가 빠른 대응에 걸림돌이 되었다.

결국 재생가능에너지 발전율이 20퍼센트를 지나던 2011년, 만년 흑자기업 에온과 에엔베베가 적자를 보았다. 에르베에와 바텐팔은 2013년에 손실을 보았다. 매출 감소의 원인은 재생가능에너지 발전량이 늘어 화석연료와 원전의 매출이 줄어들었을 뿐만 아니라 전력 거래시장에서 높은 가격의 물량이 더 이상 팔리지 않게 되었기 때문이다. 대형 발전사들로서는 판매량 감소와 고수익 물량 감소라는 연타를 맞은 셈이다.

21세기 에너지 산업은 어디로 가는가

이들은 에너지 생태계가 변했음을 실감하며 대대적인 구조조정에 들어갔다. 에온은 2014년 11월, 원전과 화석 에너지 사업 부문을 별도 회사로 분리하고, 향후 송배전 및 서비스와 재생가능에너지발전에 집중한다는 계획을 발표하였다. 에르베에는 2000년대 10여년간 대형 석탄화력발전소와 가스발전소에 120억 유로를 투자했는데, 재생가능에너지 분야에 대한 투자가 늦었음을 반성하고 자회사 매각 등에 나섰다.

현재 독일의 전력 4사는 변화된 에너지 생태계에서 생존하기 위한 사업 모델에 힘을 쏟고 있다. 소규모 분산형 전력생산 환경에서 안정적으로 전력을 공급하기 위한 스마트 그리드와 에너지 저장 설비, 건물과 공장의 에너지 관리 시스템 개발과 운용 등 서비스에 집중하고, 발전에서는 재생가능에너지의 비중을 높이는 한편 해외 사업도 재생가능에너지 부문으로 방향을 잡고 있다.

대기업 독과점에서 지역 주민에게로

이 기간에 독일의 전력 생산량은 소폭이지만 꾸준히 증가하였다. 그러면 대형 전력 기업의 손실은 어디로 갔을까? 전력 생산에 따른 수익을 독점하던 대형 전력 기업에서 상당 부분이 소생산자들에게로 돌아갔다. 주택의 지붕에 태양광발전기를 올린 가구 수가 100만 호를 넘었으며, 2006년 불과 8개였던 독일의 에너지 협동조합이

2016년에 831개로 늘었다. 이제 독일에서는 대기업에 의해 독과점 되던 에너지 수급 체계의 수익이 가계와 지역 경제로 순환하는 새로운 에너지 생태계가 자리 잡아가는 중이다.

문재인 정부는 '탈핵 에너지 전환'을 에너지 정책의 기본 방향으로 선언하였다. 이를 기조로 산자부는 2016년 말 '제8차 전력 수급 기본 계획안'과 '재생에너지 3020 이행 계획안'을 발표하였다. 현재 2퍼센트 수준인 재생에너지 발전량을 2030년까지 20퍼센트로 올리겠다는 목표이다. 이를 위해 외지인이나 사업자 중심으로 이루어지던 재생가능에너지 보급에 지역 주민과 일반 국민의 참여를 유도하고, 도시형 및 농가 태양광 확대, 협동조합 및 사회적 기업 확대, 공공 및 민간 주도 대규모 프로젝트 등을 추진하기로 하였다.

가장 큰 변화는 개별 주택의 지붕과 옥상에서 벌어질 것이다. 현재 개인이 자기 집 지붕이나 옥상에 태양광발전기를 설치하는 경우는 정부 지원 사업 외에는 거의 없다. 설치비의 절반 정도를 지원받는 정부 지원 사업의 경우 생산한 전기는 자가 소비하고 남는 경우 이월하여 사용한다. 설치비의 일부를 지원받는 만큼 자가 소비로도 투자비 회수에 시간이 오래 걸리지 않으며, 도시에서는 누진제에 걸리는 가구에서 신청이 몰려 매년 예산이 소진된다.

하지만 자비로 설치하면 생산하는 전기료에 비해 한전에서 공급하는 전기료가 싸므로 손해를 본다. 수익을 내려면 발전사업자로 등록하여 발전량에 따라 재생가능에너지 발전 인증서REC를 발급받아 이를 대형 발전사에 팔아야 한다. 번거로운 절차와 수익의 불안

 21세기 에너지 산업은 어디로 가는가

정부의 설치비 지원 사업으로 자가소비용 발전기를 설치한 집들이 눈에 띄게 늘었다. 2018년 제도 개선에 따라 자비로 자기 집을 발전소로 만드는 집이 늘어날 전망이다. 사진은 임실군 중금마을의 태양광발전기 설치 주택 모습.

정으로 개별 설치가 드물다.

이런 문제를 해결하기 위해 산자부는 개인은 30킬로와트 미만, 농민과 협동조합은 100킬로와트 미만까지 REC 발급과 입찰 절차를 생략하고 기준 가격으로 매입하기로 하였다. 산자부는 이 같은 한국형 FIT(기준 가격 매입제도)를 5년간 한시적으로 실시하기로 하였다. 2018년 7월 이 제도가 본격 시행되면서 개별 주택의 전기 소비자들이 자기 집을 발전소로 만드는 속도가 빨라질 전망이다.

일부 언론에서는 재생가능에너지 산업에서 앞서가는 중국 설비의 시장 점유율을 지적하며 국내 산업을 걱정하는 척한다. 중국이 세계 시장을 선도하게 된 데는 이 분야에 세계 최대의 투자를 하고 지난 10년 동안 보급에 힘을 쏟았기 때문이다. 늦게나마 방향을 잡은 에너지 전환의 길에 엉뚱한 이유를 들어 발목 잡아서는 안 될 것이다.

21세기 에너지 산업은 어디로 가는가

04

경주와 포항의 지진, 원전 이대로 괜찮은가

한반도 남동부, 세계 최대 원전 밀집 지역

폭염이 한풀 꺾이고 선선한 가을바람이 불던 2016년 9월 12일 저녁, 경주 인근에서 발생한 지진으로 온 국민이 불안한 밤을 보냈다. 오후 7시 44분 33초 경주시 남남서쪽 9킬로미터 지점에서 발생한 규모 5.3의 지진은, 50분 후 8시 32분 규모가 더 커진 5.8의 지진으로 이어졌고, 규모 3정도의 지진이 13일 오전 12시 37분과 8시 24분에 추가로 발생하였다. 그리고 첫 지진 발생 이후 모두 200여 차례의 여진이 이어진 다음에야 안정되었다.

기상청이 계기 지진 관측을 시작한 1978년 이래 최대치를 기록한 지진이었다. 강한 바람 소리를 내며 건물이 흔들리고 탁자 위의 물건이 떨어지자 시민들은 놀란 가슴에 황급히 밖으로 대피하였다.

떨어진 텔레비전과 넘어진 신발장에 사람이 다치고 벽에 금이 가거나 지붕 기와가 떨어지고 수도관이 파손되는 등 피해 신고가 잇따랐다.

지진으로 가장 주목을 받은 시설은 원전이었다. 오후 7시 48분 지진 발생 속보가 올라온 뒤, 지진 발생 사실 이외의 첫 보도는 오후 8시 17분 "월성·한울 원전 피해 없어"였다. 이후로도 모든 언론이 경주 지진과 함께 원전 안전 여부를 비중 있게 다루었다.

지진이 발생한 우리나라 남동부는 경주시 관할 구역 내에 6기를 포함해 부산에 6기, 울진에 6기의 원전이 가동되고 있는 세계적인 원전 밀집 지역이다. 지난 2011년 지진과 이어진 지진 해일로 인해 발생한 후쿠시마 원전 폭발 사고를 생생히 기억하고 있는 우리에게 원전 밀집 지역에서 발생한 지진은 큰 걱정거리가 아닐 수 없다.

정부는 경주 시내에 있는 월성 1~4호기를 수동으로 정지하고, 13일 오전 산업통상자원부 우태희 2차관을 급파하여 지진에 따른 원전의 이상 여부를 직접 점검하였다. 정부는 가동 중인 24기의 원전은 규모 6.5의 지진까지 견디도록 설계하여 안전하며, 이로 인해 원전 정책을 바꾸지는 않을 것이라고 밝혔다. 당시 건설 중인 원전은 울산에 4기, 경북 울진에 2기 등 6기이며, 추가로 경북 울진에 2기와 경북 영덕에 2기 등 4기를 건설할 계획이었다. 이렇게 되면 한반도 남동부는 모두 34기의 원전이 오밀조밀 모여 있는 세계 최대의 원전 밀집 지역이 된다.

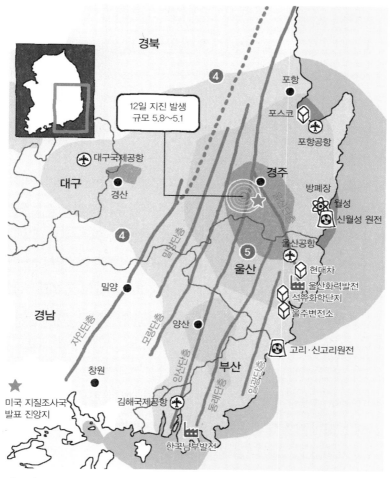

경주 인근 주요 시설 현황. 경주와 포항 지진 모두 양산단층을 따라 발생하였다. 이 주변에는
원전과 중저준위 핵폐기물 지하 저장 시설이 밀집해 있다.

자료: 한국지질자원연구원, USGS 등 종합

원전 계속 건설 건의한 공론화위원회

2017년 5월, 박근혜 대통령 탄핵으로 7개월 앞당겨진 19대 대선에서 자유당 홍준표 후보를 제외한 주요당 후보들은 모두 노후 원전 가동 중단과 신규 원전 건설 금지를 공약으로 내걸었다. 그중 "40년 후 원전 제로 국가를 목표로 탈원전 로드맵을 마련하겠다."라고 약속한 문재인 후보가 대통령에 당선된 뒤 새 정부는 '탈원전 에너지 전환'을 정책 방향으로 제시하였다. 그러나 신규 원전 건설 금지라는 공약은 바로 실천하였으나 공사가 진행 중인 신고리 5·6호기에 대해서는 시민 패널이 참여하는 공론화위원회의 결정에 따르겠다고 한발 물러섰다. 그리고 예상대로 10월 20일 공론화위원회는 매몰 비용 등을 이유로 건설 계속을 건의하였고, 문재인 정부는 이를 받아들였다. 수십 년을 원전 산업계의 선전에 일방적으로 노출된 국민들의 의식을 넘어서지 못한 결과였다.

그로부터 불과 25일 뒤인 11월 15일 오후 2시 22분 32초 포항시 흥해읍 남송리에서 규모 2.2의 지진이 발생하였다. 22초 뒤 규모 2.6의 지진이 이어졌고 두 차례의 전진이 지나간 29분 31초에 규모 5.4의 본진이 덮쳐왔다. 2016년 경주 지진보다 진도는 낮았지만 진원의 깊이가 경주보다 얕아 충격이 더 컸다. 흥해읍 소재 한동대학교는 건물 외벽이 무너져내렸고 북구의 대동빌라(75가구)와 대성아파트(170가구)는 붕괴 위험으로 철거가 결정되었다.

이번에도 역시 한국수력원자력은 "인근 월성 1호기에서 감지된

21세기 에너지 산업은 어디로 가는가

지진 규모는 수동 정지 기준에 미치지 못하는 수준"이라며 "모든 원전은 발전 정지나 출력 감소 없이 정상 운전 중"이라고 발표하였다. 한수원은 이어 기존의 원전은 규모 6.5, 신고리 3호기 이후는 규모 7.0, 신고리 5, 6호기는 규모 7.4의 지진을 견딜 수 있는 내진 설계를 했다며 국민들의 불안감을 달래려 하였다. 후쿠시마 원전사고가 지진에 의해 원자로가 파괴된 것이 아니라, 지진으로 인해 외부의 전력 공급 시설이 피해를 입은 데다 쓰나미로 자체 발전 설비까지 중단되어 냉각 기능을 상실함으로써 원자로 내 수소폭발이 일어난 것이라는 환경단체의 지적은 여진이 잦아들면서 함께 뒷전으로 밀려났다.

원전은 과연 안전한가

————

전 세계에서 50년 동안 약 400기의 원자로가 돌아가고 있다. 그러니 스리마일 아일랜드, 체르노빌, 후쿠시마에서 발생한 3번의 노심용융 사고는 확률상 나오는 값이다. 일어날 수 있는 일이 일어난 것이다. 원전 생산량 2위인 프랑스를 빼면 미국, 소련, 일본 순으로 원자로 수가 많은 순서대로 발생하였다. 다음번 사고가 언제 어디서 일어날지 알 수 없지만 확률상 원전의 수가 많은 나라일 수밖에 없다.

우리가 북한의 핵무장을 우려하는 것은 핵무기 사용 가능성은 현실적으로 작아도 혹여 만에 하나라도 실제로 사용한다면 그 피해가

상상을 초월하기 때문이다. 핵무기와 원전은 일란성쌍둥이었다. 없으면 속 편하지만 있으면 관리를 잘해야 한다.

이제 원전에 우리 미래를 맡기려는 안이한 에너지 정책은 폐기되어야 한다. 문재인 정부는 탈원전 에너지 전환을 위해 2030년까지 재생가능에너지 발전 비중을 20퍼센트까지 높인다는 목표를 제시하고 재생가능에너지 보급에 적극 나섰다. 어떤 이들은 목표가 높다고 하지만 시장에서는 훨씬 적극적인 움직임이 나타나고 있다. 2000년대 들어서 육상풍력발전이 기존 화석연료발전에 비해 경쟁력을 확보했듯이 태양광발전도 세계적인 보급 확대에 힘입어 빠르게 생산 비용이 하락하고 있으며, 2020년대에는 그리드 패리티에 도달한 것으로 예상된다. 이에 따라 태양광 설치 업체의 수주가 눈에 띄게 늘어나고 있는 상황이다.

최근의 기록적인 여름 폭염은 전기요금 누진제 논란을 불러오고 주택용 태양광발전의 장점을 알리는 계기가 되었다. 200~500와트의 소형 태양광발전 설비를 지붕이나 옥상, 베란다에 설치할 경우 전기요금을 아낄 수 있을 뿐만 아니라 누진제 적용을 피해갈 수 있어 이를 설치하려는 시민들의 문의가 늘었다. 3킬로와트의 태양광 발전기를 주택에 설치할 경우 설치비의 절반 정도를 정부가 지원하는데, 조기 마감되는 상황이 되었다.

늦었다고 생각할 때가 가장 빠르다. 지진으로 건물이 흔들려야 잠시 관심을 기울이는 것이 아니라 안전한 지금, 우리의 미래를 준비해야 한다.

탈핵 에너지 전환,
누가 막아서는가

독일과 한국의 오락가락 원전 정책

문재인 대통령은 취임 한 달 뒤인 2017년 6월 19일, 부산 기장에서 열린 고리 1호기 영구 정지 선포식에서 '탈핵 에너지 전환'을 정부의 에너지 정책으로 선언하고, 신규 원전 건설의 백지화와 건설 중인 신고리 5, 6호기에 대한 사회적 합의 도출을 약속하였다. 원전 산업계와 보수 언론, 보수 정당들은 일제히 탈원전에 문제를 제기하였다.

이어 7월 24일 출범한 '신고리 5, 6호기 공론화위원회'는 시민 참여 조사와 숙의 토론 과정을 거쳐 10월 20일 권고안을 정부에 제출하였다. 최종적으로 위원회는 '신고리 5, 6호기 공사는 재개하되, 원전을 축소하는 방향으로 에너지 정책을 추진할 것'을 권고하였다.

아울러 '원전의 안전 기준 강화, 재생에너지 비중을 늘리기 위한 투자 확대, 사용후 핵연료 해결 방안 마련' 등의 보완 정책을 조속히 추진하라고 제안하였다. 허가받기도 전에 1조 1576억 원을 투입한 한국수력원자력의 알박기는 이번에도 성공하였다.

사실 공론화위원회의 역할은 정부에 권고하는 것일 뿐, 결정을 내리고 집행하는 것은 정부이다. 따라서 선거 공약대로 건설을 중단하고 말고는 정부가 결정하면 된다. 굳이 권한도 없는 공론화위원회를 거친 것은 현실 정치 상황이 낳은 삽화이다.

독일의 메르켈 정부가 2011년 '안전한 에너지 공급을 위한 윤리위원회'를 구성하여 탈핵 정책에 대해 의견을 구한 것은 자신의 정책을 뒤집기 위한 방편이었다. 독일은 1998년 구성된 사회민주당과 녹색당의 연정(적록연정)에 의해 2000년 원전의 단계적 폐쇄 정책을 결정했고 2020년대에 원전을 마감할 계획이었다. 그런데 2005년 기독교민주연합(기민련)의 메르켈 정부가 들어선 뒤 보수파는 탈원전 정책을 뒤집기 위해 끊임없이 노력하였고 마침내 2010년 10월 28일, 일부 원전에 대해 수명 연장 조치를 취하였다.

그런데 불과 6개월 만에 후쿠시마에서 원전사고가 발생하였고, 독일인들의 잠복된 불만은 전국적으로 25만 명이 모인 원전 반대 시위로 분출되는 동시에, 사고 직후 실시된 지방선거에서 52년 보수당의 아성 바덴뷔르템베르크주에 녹색당 주지사를 탄생시켰다. 메르켈은 자신의 원전 연장 정책을 손바닥 뒤집듯 해야 했고, 이에 윤리위원회를 구성하여 17인 석학의 힘을 빌린 것이었다.

21세기 에너지 산업은 어디로 가는가

우리나라 공론화위원회도 배경은 크게 다르지 않다. 건설 중단이 공약이기는 하지만 여론이 우호적이지도 않고 국회의 의석 구성은 더욱 암담하였다. 그래서 정부 내에서 원전을 중단하고자 하는 쪽은 국민의 힘을 빌리고 싶었을 테고, 원전을 지속하고 싶은 쪽은 밑질 게 없었다. 결과는 예상한 대로였다.

공론화위원회는 태생부터 의회 소수파 정부의 한계에서 출발한 우회 기구였다. 게다가 원전 정책 전반이 아닌 특정 지역에서 건설 중인 원전을 다룬 만큼, 시민 참여단에 해당 지역 주민을 더 많이 참여시켜야 했지만 전국 인구 분포에 따른 문제점을 그대로 안고 갔다.

그러나 공론화위원회는 결코 작지 않은 의미를 남겼다. 그동안 탈핵 단체와 해당 지역 주민을 중심으로 한 반대 주장은 그저 소수의 외침으로 치부되어 왔다. 매일 저녁 공중파 방송에서는 원전을 홍보하는 공익광고가 국민의 무의식을 점령하였다. 원전을 둘러싸고 찬반 양측이 이 정도 수준으로 공정한 규칙 아래 토론한 것 자체가 처음이다. 변화가 시작되었다고는 하지만 결국 탈원전 정책은 탈원전을 지지하는 정치 세력이 의회의 다수를 차지해야 가능할 것이다.

건설이 중단된 미국의 핵발전소

공론화위원회에서 공방이 한창이던 2017년 7월 31일, 미국 사우스캐롤라이나 공공서비스위원회는 버질시 서머 핵발전소 2, 3호기 건설 중단을 밝혔다. 웨스팅하우스가 2007년부터 건설하던 원전 두 개는 40퍼센트까지 공정이 진행되었지만, 시행사들이 늘어난 공사 기간과 비용에 부담을 느껴 사업 포기 승인을 요청한 것이다. 미국 내에서는 값싼 천연가스발전소는 물론 재생가능에너지와의 경쟁에서도 원전이 밀리고 있는 데 따른 결과라는 평가이다.

이에 앞서 3월 29일 도시바는 그룹 전체를 흔들고 있는 적자기업 미국 웨스팅하우스에 대해 미국 법원에 파산보호 신청을 냈다. 도시바는 계열사인 웨스팅하우스에 8000억 엔대 채무 보증을 하고 있는데, 웨스팅하우스가 맡았던 미국 내 원전 건설의 위약금까지 고려하면 도시바의 손실은 10조 원대에 이를 전망이다.

그런데 도시바의 웨스팅하우스 인수, 경영 악화, 파산, 매각이라는 드라마에 한국전력이 등장한다. 2005년 영국핵연료공사가 웨스팅하우스를 매물로 내놨을 때는 미국의 제너럴 일렉트릭과 일본의 미쓰비시, 도시바가 물고 뜯는 혈전을 벌였다. 하지만 세계 원전 시장이 눈에 띄게 축소되는 상황이 되자 누구도 웨스팅하우스를 넘보지 않았다. 다급해진 도시바는 파산 신청 이전부터 여전히 원전에 목매고 있는 한국전력에 웨스팅하우스의 인수를 요청하였다.

하지만 무모한 한전도 도시바를 위기에 빠뜨린 웨스팅하우스를 인수할 배짱까지는 없었다. 대신 도시바가 지분의 60퍼센트를 가지고 있는 영국의 뉴젠에 관심을 보였다. 뉴젠은 도시바와 프랑스의 엔지(40퍼센트)가 합작한 영국 회사로, 영국 북서부 무어사이드에

21세기 에너지 산업은 어디로 가는가

2030년경까지 총 3.8기가와트 용량의 원전 3기를 지을 계획이다. 21조 원에 달하는 사업비를 영국 정부가 아닌 뉴젠이 스스로 조달하고, 완공 후 원전 운영 수익으로 건설비를 회수하고 이익을 내야 하는 구조이다.

그런데 웨스팅하우스의 파산 보호 신청은 채무 불이행 사유에 해당한다며, 프랑스의 엔지가 도시바에게 매각 권리를 행사하였다. 엔지의 민첩한 발빼기에 도시바는 153억 엔의 지급을 감수해야 하였다.

원전은 이제 재생가능에너지에도 밀린다
———

도시바는 6월 엔지의 지분 인수를 마무리한 뒤 본격적으로 인수자 구애에 나섰다. 여기에 한전과 중국의 광둥핵전공사가 나섰다. 그러다가 산자부와 한전은 2017년 12월 6일, 도시바가 한국전력을 지분 인수 관련 우선협상 대상자로 선정했다고 밝혔다. 도시바-웨스팅하우스 연합은 세계 원전 산업계에서는 서방파 3대 패밀리의 한 축이다. 중국이 또 다른 영국 신규 원전 계획 세 곳에 프랑스와 합작으로 참여하고 있었으니 웨스팅하우스까지 내주고 싶지는 않았을 것이다. 당시 언론은 '한국, 중국 제치고 영국 원전 따냈다'라고 대서특필하였다.

그런데 그전인 9월, 영국에서는 차액계약제도에 따른 제2차 재

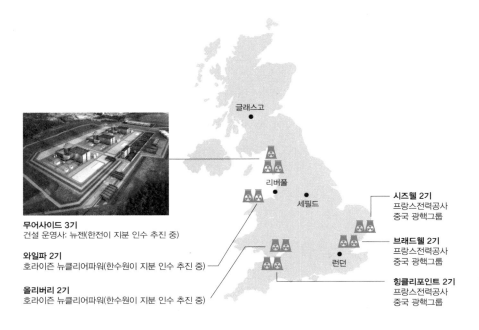

무어사이드 3기
건설 운영사: 뉴젠(한전이 지분 인수 추진 중)

와일파 2기
호라이즌 뉴클리어파워(한수원이 지분 인수 추진 중)

올리버리 2기
호라이즌 뉴클리어파워(한수원이 지분 인수 추진 중)

글래스고

리버풀

세필드

런던

시즈웰 2기
프랑스전력공사
중국 광핵그룹

브래드웰 2기
프랑스전력공사
중국 광핵그룹

힝클리포인트 2기
프랑스전력공사
중국 광핵그룹

영국 신규 원전 건설 계획. 영국 원전은 내 돈으로 짓고 운영하면서 수익을 내야 하는 사업이다. 제2의 자원 외교 참사를 겪지 않으려면 면밀한 검토가 필요하다.

생에너지 발전 프로젝트 입찰이 있었다. 이때 승인을 받은 해상풍력단지 사업 2건의 권리행사가격(투자비를 반영해 사업자가 요구한 전력가격)이 메가와트시당 57.50파운드(약 8만 3000원)였다. 이는 프랑스전력공사와 중국이 짓기로 한 힝클리포인트 C 원전 프로젝트의 권리행사가격 92.50파운드(약 13만 3000원)의 62퍼센트 수준이다. 즉 영국의 원전은 화석연료발전은 물론 재생가능에너지에도 밀리는 발전원이다. 원전을 지어 운영할 2030년대에 과연 그 전기를 팔 수 있을지 심히 우려되는 상황인 것이다.

뉴젠의 지분 인수는 도시바와 한전의 협상, 우리 정부의 예비타 당성조사 등의 과정이 남아 있다. 협상도 영리하게 해야겠지만 정부의 타당성조사는 냉철하게 이루어져야 한다. 남의 돈으로 자국 핵전력 유지의 토대가 되는 신규 원전을 건설하려는 영국 보수당 정부와 수익성이 불투명한 영국 전력 시장 사정은 이 사업이 엄청난 적자를 안은 제2의 자원외교 사업이 될 수 있다는 우려가 그저 단순한 걱정이 아니라는 신호를 보내고 있다.

06

교과서도 바꾸는
원전 홍보 기구

원자력문화재단에 정부 예산 수십억

2017년 12월 2일, 문재인 정부의 첫 예산안이 국회를 통과하였다. 2018년 중앙정부의 예산은 2017년보다 7.1퍼센트 늘어난 429조 원이다. 여기에 각 부처에서 관장하는 595조 6673억 원의 기금 중에서 125조 1502억 원을 사용할 계획이므로 2019년에 실제 지출하는 정부 재정 규모는 모두 554조 원이 된다.

이 중 에너지 분야의 재정은 총 14조 4564억 원으로 실제 지출 규모는 5조 942억 원이다. 2017년 총 15조 6344억 원 중 5조 1246억 원 지출과 비슷한 수준이다. 지출 예산을 에너지원별로 나누어보면 화석연료와 원전 분야는 소폭 줄어든 반면 재생가능에너지 분야는 조금 늘었다. 화석연료에 8027억 원, 원자력발전에 1조 6760억 원,

에너지원별 재정지출 구성

(단위: 100만 원)

	2018안		2017안	
	지출	구성비	지출	구성비
화석연료	802,709	15.67%	1,020,104	19.81%
원자력발전	1,676,037	32.73%	1,839,002	35.72%
재생가능에너지	978,275	19.10%	706,468	13.72%
에너지 효율화	988,471	19.30%	972,246	18.88%
기후변화 대응	676,401	13.20%	611,045	11.87%
계	5,121,893	100%	5,148,865	100%

재생가능에너지에는 9782억 원이 배정되었다. 재생가능에너지에 비해 화석연료 약 1.5배, 원전 2.6배이던 2017년에 비해 재생가능에너지 분야의 약진이 눈에 띈다.

예산과 기금으로 이루어진 국가 재정이 어떻게 배분되는가는 해당 정권의 정책과 의회 권력의 구조에 달려 있다. 2018년 예산안은 2017년 5월 출범한 새 정부의 정책 방향이 충분히 반영되지는 않았지만, 일단 에너지 정책이 '탈원전 에너지 전환'이라는 신호는 명확히 한 셈이다.

에너지 분야 재정 지출의 시금석 중 하나는 원자력문화재단에 대한 지원이었다. 전력산업기반기금의 에너지 홍보 예산 중 유일하게 원전에만 해마다 수십억 원이 지원되어왔다. 2018년 예산안에도 50억 원이 책정되어 새 정부 역시 원전에 편향된 관료 집단에 휘둘리는 것이 아닌가 하는 우려를 샀다.

원자력문화재단은 1992년 동력자원부 산하 재단법인으로 설립

(단위: 억 원)

	2005	2006	2007	2008	2009	2010	2011	2012	2013	2014	2015	2016
금액	100.29	129.62	110.32	109.93	92.64	95	94	85	76.5	56.77	53.93	50.03

자료: 원자력문화재단

되었다. 1989년 동력자원부에서 에너지 홍보 캠페인의 일환으로 텔레비전 광고를 방영한 것을 계기로 '원자력에 대한 정보를 전달하여 원자력 이용에 대한 공감을 이끌어낸다'라는 목적으로 운영한다. 1994년 한국전력공사로부터 전기에너지관을 수탁 운영하였고, 1995년에는 발전소 주변 지역 지원에 관한 법률에 의해 운영 재원을 출연받았다. 2002년부터는 산자부가 관리하는 전력산업기반기금으로 출연 제도가 변경되어 지금까지 매년 수십억 원의 지원을 받아 운영되었다.

원자력문화재단은 이 예산으로 △효과적인 매체를 이용한 원자력 정보 제공 △각계각층을 대상으로 한 교육문화사업 △체험형 원자력 전시 홍보 등을 시행해왔다. 대표적인 것이 공익광고라는 이름으로 공중파 방송을 통해 시청자에게 도달한 원전 홍보이다. 공익광고는 그 자체로 시청자의 수용성이 높다. 정보의 옳고 그름을 판단하기에 앞서 공익을 위한 것이라는 생각을 지니게 된다.

신문 광고도 중요한 홍보 창구이다. 단순 광고에서 시작해서 점차 협찬 기사 형태로 진화하였다. 《뉴스타파》의 보도에 따르면 《조선일보》가 2012년 4월 12일 특집 섹션으로 게재한 〈원전 강국 코리아〉 기사에는 5500만 원, 같은 해 3월 6일자 이사장 인터뷰 기사

21세기 에너지 산업은 어디로 가는가

에는 1100만 원이 지급되었다. 이처럼 2012년과 2013년 2년 동안 14개 신문사에 협찬 기사를 내기 위해 원자력문화재단이 쓴 돈은 모두 3억 6000만 원이었다.

원자력발전소가 나오는 해수욕장 사진

원자력문화재단의 활동에는 교과서 수정 요구도 있다. 재단은 2008년 교육부가 발행한 초등학교 사회탐구 교과서에 실린 해수욕장 사진을 원자력발전소가 배경으로 나오는 사진으로 교체해달라고 요청하였다. 또 2010년 초등학교 사회 교과서에 '우리 고장을 대표할 수 있는 자랑거리'로 실린 지평선 축제 대신 고리 원자력발전소를 넣어달라고도 하였다. 심지어 2013년 성림출판사가 펴낸 중1 기술가정 교과서에서 기술의 부정적 영향을 보여주는 후쿠시마 원전사고 사진을 빼달라고 요청했으며, 2011년 교학사 고등학교 화학 교과서에 대기오염을 막는 방법으로 소개된 풍력발전기 사진을 원전 사진으로 교체하는 데 관여하기도 하였다.

19대 국회 정의당 김제남 의원실의 집계에 따르면 2014년 한 해 원자력 산업계의 홍보 예산은 205억 원인데, 이 중 한국수력원자력(주)이 100억 원으로 가장 많았고 그다음이 원자력문화재단으로 56억 8000만 원을 썼다. 정작 원자로를 만드는 두산중공업이나 실제 건설 수주를 하는 현대건설, 삼성물산 등은 일반 광고를 하지 않는다. 두산이나 현대, 삼성 입장에서야 일반인들이 소비자가 아니니 아예 광고를 할 필요를 느끼지 않을 터이다.

이름만 바뀐 원자력문화재단

사정이 이런 데도 2018년도 정부의 기금 운용 계획안 중 전력산업기반기금을 보면 원자력문화재단 출연금으로 예년과 같은 50억 원이 올라왔으니, 새 정부의 탈원전 에너지 전환 정책이 의심을 받을 만하였다.

미국과 일본에도 이와 유사한 단체가 있으나 이들은 민간단체로 원전 산업체들이 기금을 모아 운영하고 있다. 정부는 국민이 내는 전기료에서 떼는 전력산업기반기금에서 원자력문화재단을 지원하는 어처구니없는 일을 더 이상 계속해서는 안 된다. 필요하다면 원전으로 큰 이익을 보고 있는 두산중공업과 현대건설, 삼성물산 등이 운영하면 될 일이다.

이에 대해 산자부는 2017년 11월, 원자력문화재단의 이름을 한국에너지정보문화재단으로 바꾸는 것으로 대응하였다. 재단은 명칭을 바꾸면서 "보다 폭넓은 시각으로 원자력뿐만 아니라 태양광, 풍력 등 신재생에너지를 포함한 에너지 전환과 에너지 전반에 대해 정보 제공 및 문화교육 사업 등을 펼쳐나갈 계획"이라고 밝혀, 여전히 원전 홍보를 포함시켰다.

 21세기 에너지 산업은 어디로 가는가

한국에너지정보문화재단은 지난 25년 동안 원전 홍보를 위해 인력과 조직이 구성되고 업무가 이루어졌다. 이들이 과연 스스로 무시하고 때로는 반대해온 에너지 전환에 대해 올바른 교육과 홍보를 할 수 있을지 의문이다.

07

차세대 자동차는
어떤 에너지를 사용할까

역사의 뒤안길로 사라졌던 전기차

요즘 사람들이 '차세대 자동차'로 가장 먼저 떠올리는 것은 구글의 자율 주행 자동차이다. 각종 첨단 센서와 자동화 기기로 구성되어 운전자 없이 스스로 운행하는 자율 주행 자동차는 자동차업계는 물론 정보통신업체까지 뛰어들어 미래의 자동차로 확실히 인식되었다. 1982년 미국 텔레비전 드라마 〈전격 Z 작전〉에서 주인공 마이클 나이트가 "가자, 키트!"라고 외칠 때만 해도 무인 자동차는 공상과학 영화에나 나오는 먼 미래의 희망사항이었다. 그러나 어느새 무인 자동차는 실제 도로 주행 실험을 하는 단계에 이르렀다.

하지만 자동차는 운전에 앞서 바퀴를 굴리는 에너지가 있어야 한다. 지금부터 에너지 측면에서 자동차가 어떻게 진화해왔고 차세대

21세기 에너지 산업은 어디로 가는가

도로 주행 중인 구글의 자율 주행차

자동차는 어떤 에너지를 사용할지를 짚어보자.

최초의 자동차는 1769년 프랑스의 공병 장교 니콜라 조제프 퀴뇨가 대포를 견인할 목적으로 발명한 증기 자동차라고 한다. 예나 지금이나 국방 분야는 기술 발전을 이끄는 중요한 동력이다. 최초의 민간 수송용 자동차는 헝가리의 수도자 아뇨시 예들리크가 1828년에 만든 전기자동차이다. 이어 1830년대에 스코틀랜드의 사업가 로버트 앤더슨이 1차 전지(충전 안 됨)로 움직이는 전기차를 만들었다.

1865년 프랑스의 가스통 플랑테가 축전지를 발명하고 카밀 포레가 저장 용량이 더 큰 축전지를 개발하면서 전기자동차의 보급이 늘어났다. 오늘날 대세인 내연기관 자동차는 1876년 고틀리프 다임러, 1879년 카를 벤츠가 4행정 기관을 발명한 이후에 등장한다. 1899년 시속 100킬로미터를 실현한 것도 전기자동차 '라 자메 콩탕트La Jamais Contente'였다. 1899~1900년에 전기자동차는 증기자동차나 휘발유자동차보다 많이 팔렸으며, 1900년 미국의 자동차 중 28퍼센트가 전기자동차였다.

전기차가 내연기관차보다 앞서 발명되고 20세기 초까지 주종을 이룬 것은 구조가 간단해서였다. 전기차는 모터와 구동 장치만으로 굴러갈 수 있지만 내연기관은 동력 전달 장치가 더 복잡하다. 실린더 안에서 폭발로 생긴 피스톤의 왕복운동을 회전운동으로 바꾸어

1904년 독일에서 만든 전기자동차. 마담차라는 별칭답게 치장이 화려하다.

21세기 에너지 산업은 어디로 가는가

바퀴를 돌려야 하고, 엔진의 폭발 속도와 자동차의 구동 속도를 맞추어줄 변속기도 필요하기 때문이다. 평평거리는 내연기관에 비해 소음과 진동, 냄새가 적은 전기차는 상류층과 여성에게 인기가 높아 '마담차'라는 별칭을 얻기도 하였다.

하지만 전기차는 1912년 생산 및 판매에서 정점을 기록한 뒤 내연기관 자동차에 밀려 역사의 뒤안길로 사라졌다. 내연기관차는 1859년 상용화된 석유의 도움을 받았다. 초기에는 그냥 태워버렸던 휘발유가 귀한 연료가 되었으며, 디젤기관의 발전 덕에 경유로도 자동차를 끌게 되었다. 어떤 용기에도 담을 수 있고 에너지 밀도가 높은 석유는 충전소가 있는 시대에서만 달리던 자동차의 운행 범위를 확장시켰다.

한편으로 자동차의 모형과 구조가 표준화되고 대량생산이 이루어지면서 휘발유 자동차의 가격은 빠르게 떨어졌다. 반면 축전지의 크기를 줄이는 데 한계가 있는 전기자동차는 고급화 쪽으로 방향을 잡았다. 1920년대에 미국의 전기차 가격이 1750달러였는데 휘발유 차는 평균 650달러였다.

미국을 휩쓴 포드자동차 모델T

내연기관차가 승기를 잡은 것은 1908년 생산을 시작한 포드자동차의 모델T였다. '미국을 바퀴 위에 올려놓은' 포드 모델T는 당시 고

포드자동차의 모델T 1919년형. 모델T는 내연기관 자동차의 대중화를 이루었다.

급 자동차 가격 2000~3000달러의 3분의 1 수준인 850달러에 판매
되었다. 미국의 중산층을 휩쓴 모델T는 1927년 단종될 때까지 모두
1500만 대 이상 팔려나갔다. 포드자동차 공장의 라인 생산 방식은
가격을 낮추었을 뿐만 아니라 포드 시스템이라는 이름으로 전 제조
업 분야로 확산되기도 하였다.

이렇듯 내연기관차는 화석연료의 총아 석유와 함께 2차 산업혁
명의 한 축을 이루며 20세기 문명을 이끌었다. 사람들은 가까운 거
리에 있는 주유소에서 기름을 넣고 장애물이 없는 평평하고 굳은 땅
이면 어디든 갈 수 있게 되었고, 구석구석 도로를 내고 포장을 하는

것이 정부의 주요한 역할이 되었다. 1974년 3억 대를 넘어선 자동차 수는 2000년 5억 대를 돌파하고 2020년이면 10억 대를 넘어설 기세이다.

늘어나는 자동차 수만큼 석유 수요도 늘어나 수송 부문이 전체 석유 수요에서 차지하는 비중은 1973년 45.4퍼센트를 거쳐 2016년 64.5퍼센트를 차지하기에 이르렀다. 21세기 들어 석유 수요 증가를 이끌고 있는 신흥공업국의 자동차 증가 속도는 가파르다. 2016년 자동차 판매 대수를 보면 중국은 2803만 대, 인도는 372만 대이다. 이 중 90퍼센트 이상이 아직 내연기관차이며, 석유 수요 증가율의 최고치는 인도가 중국을 이어받았다.

기후변화로 밀려나는 내연기관차

하지만 점점 가속도를 내는 자동차 증가에 생태계의 경고장이 날아들었다. 휘발유와 경유를 사용하는 내연기관차는 일산화탄소와 탄화수소, 질소산화물, 미세먼지 등 각종 대기 오염물질을 배출한다. 20세기 초반 맹위를 떨친 런던형 스모그가 가정용 난방과 공장에서 사용한 석탄이 주범이었다면, 20세기 후반에 일반화한 로스앤젤레스형 스모그는 자동차 배기가 주범이다.

오늘날 대도시는 차량 배기로 인한 광화학 스모그로 덮여 있다. 기후변화도 이산화탄소를 내뿜는 내연기관의 교체를 촉구한다. 각

국은 자동차 배기에 대한 규제를 설정하고 규제치를 점차 강화해나
갔다. 1992년 체결된 기후변화협약은 내연기관차가 필연적으로 배
출할 수밖에 없는 이산화탄소에 대해서도 규제할 것을 요구하였다.
자동차업계는 강화되는 배기와 온실가스 규제에 대응하여 1990년대
초부터 내연기관차를 대체할 차세대 자동차 개발을 본격화하였다.

차세대 자동차의 개발은 각국의 환경 규제, 자동차 산업이 처한
상황에 따라 크게 세 방향으로 이루어졌다. 미국은 전기자동차, 유
럽은 클린 디젤, 일본은 내연기관과 전기자동차를 섞은 하이브리드
자동차 개발에 초점을 맞췄다. 그중에는 베엠베BMW나 현대자동차
같이 수소차 개발에 집중한 업체도 있다.

08

하이브리드 자동차와
클린 디젤 자동차

친환경차로 각광받는 하이브리드차

먼저 시장의 호응을 얻은 것은 일본의 하이브리드 자동차였다. 하이브리드는 내연기관 엔진과 전기 모터를 장착하고 양쪽에서 구동력을 얻는다. 시동은 전기 모터로 걸어 저속 운전하다가 일정 속도가 되면 내연기관이 작동하여 출력을 낸다. 엔진이 돌아갈 때와 제동 시에는 발전기가 돌아 충전을 하고 신호 대기 등으로 차가 멈추면 엔진은 정지되어 공회전이 없다. 이렇게 전기 모터가 보조 동력으로 작동함으로써 하이브리드 자동차는 연비를 획기적으로 높일 수 있었다. 1997년 말 시장에 선을 보인 도요타의 프리우스는 일반 휘발유차 연비의 두 배가 넘는 리터당 28킬로미터를 기록하였다.

하이브리드 자동차의 연료는 여전히 화석연료이다. 다만 발전기

하이브리드차의 대명사가 된 도요타 프리우스의 2016년형

와 모터를 통해 유휴 에너지를 동력화함으로써 에너지 효율을 높인 것이다. 포드자동차 모델T 시절에 18퍼센트였던 휘발유 자동차의 열효율은 현재 30퍼센트대이다. 우리가 자동차를 탈 때 태우는 휘발유 에너지의 60퍼센트 이상이 그냥 배기가스로 빠지거나 동력 전달 과정에서 마찰 저항 등으로 사라진다. 40퍼센트 이하가 실제 움직이는 동력으로 사용된다. 연비가 좋으면 연료 사용이 줄어들고 이는 곧 배기가스 및 이산화탄소 절감으로 직결된다.

하이브리드 자동차는 두 가지 동력을 사용하므로 가격이 비싸다. 연료비가 절감되니 구입하고 몇 년이 지나면 비용을 뽑을 수 있지만 가격 자체는 만만치 않다. 게다가 유가가 하락하면 수지 균형을 맞추는 시기가 길어진다. 하지만 자동차 제조사 입장에서는 연비가 좋은 차를 생산하지 않을 수 없다. 세계 최대 자동차 시장인 미국과 유럽연합이 배기와 이산화탄소에 대한 규제를 강화하고 있기 때문이다.

배기 규제와 세제 혜택으로 달린다

미국의 자동차 배기 규제는 공화당 부시 정부 시절 캘리포니아주에서 시작해 민주당 오바마 정부가 2009년 5월 전국으로 확대 실시하였다. 이에 따라 자동차 업체는 미국에 판매하는 차량의 평균 연비를 승용차의 경우 2009년까지 리터당 11.7킬로미터, 2012년까지 13.9킬로미터, 2016년까지 16.6킬로미터 이상으로 맞추어야 했다. 유럽연합은 이산화탄소 배출량을 기준으로 규제했는데, 승용차의 경우 2012년 킬로미터당 130그램, 2020년의 목표치는 95그램으로 제시하였다. 자동차업체가 현재 유럽에 판매하는 승용차는 킬로미터당 130그램 이하의 이산화탄소를 배출해야 한다. 그리고 2020년부터는 95퍼센트, 2021년에는 전체 차량이 킬로미터당 95그램만을 배출해야 한다.

미국과 유럽에 자동차를 수출하는 일본과 한국은 덩달아 배기와 연비 규제를 따라갔다. 자동차를 판매하려니 어쩔 수 없는 것이다. 이처럼 기후변화는 이미 한국 경제에도 깊고 큰 영향을 끼치고 있다.

하이브리드차의 파워트레인 구조에 따른 시스템 분류

	병렬형(FMED)	병렬형(TMED)	2모드 동력 분기형(복합형)
시스템 구조	엔진 - 모터 - 클러치 무단변속기 "엔진과 모터가 직접 연결되어 모터가 엔진 보조"	엔진 - 클러치 - 모터 변속기 "엔진과 모터 사이에 클러치가 연결되어 모터 단독 주행 가능"	엔진 - 기어 모터 | 모터 클러치 | 기어 "구동형 모터와 발전형 모터 사용, 엔진의 힘이 발전기를 통해 모터에 동력 전달"
적용 업체	HONDA · BMW · Mercedes-Benz	현대 · KIA · VW · NISSAN · Audi	TOYOTA · Ford · BMW
특징	• 단순, 저비용 구조 • 모터 – 보조 역할 • 모터 저용량 • 예) 혼다 – 인사이트, 시빅 등	• 클러치 접합 기술 고도화 • 예) 현대 – YF 쏘나타	• 복잡, 고비용 구조 • 모터 역할 증대 – 2개 모터 • 모터 고용량 • 예) 도요타 – 프리우스, 캠리

하이브리드 자동차는 축전지로 모터를 돌려 보조동력으로 이용함으로써 연비를 높인다.

자료: 한국자동차산업연구소

각국 정부는 자동차 업체에 대한 규제와 함께 친환경차를 구매하는 소비자에게 보조금이나 세제 혜택을 제공하여 판매를 촉진하였다. 미국 캘리포니아주는 2005년 이산화탄소 배출량이 적은 친환경차에 세금 공제 혜택을 도입하였다. 전기차는 물론 하이브리드 자동차도 친환경차로 분류되어 혜택을 받았는데, 2007년 에너지 자립 및 안보법에서 혜택의 범위를 확대하였다. 이에 따라 하이브리드차는 누적 판매량 6만 대까지 지원을 받았고 이후 단계적으로 지원이 축소되어 현재는 만료되었다.

21세기 에너지 산업은 어디로 가는가

도요타의 프리우스가 선보일 무렵 혼다 역시 인사이트를 출시하여 하이브리드 자동차 시장은 일본 업체가 주도하였다. 몇몇 주 정부의 연비 규제와 구매 지원책에 힘입어 하이브리드차는 차세대 자동차의 첫 주자로 주목을 받았고, 2003년 영화배우 레오나도 디캐프리오가 아카데미 시상식에 프리우스를 타고 나타나면서 친환경차로 확실하게 자리 잡았다. 2000년대 초반, 차세대 자동차 시대는 이렇게 하이브리드 자동차가 열어나갔다.

클린 디젤 자동차는 클린할까

유럽은 다른 나라들에 비해 일찍이 자동차 배기와 온실가스 배출에 강도 높은 규제를 도입하였다. 이런 환경에서 유럽의 자동차업계가 디젤 엔진에 주목한 것은 경유 차량이 휘발유 차량에 비해 연비가 좋을(+30퍼센트) 뿐만 아니라 대표적 온실가스인 이산화탄소의 배출량이 적다(-20퍼센트)는 데 있었다. 하지만 경유차는 휘발유차에 비해 소음이 크고 광화학 스모그의 원인인 질소산화물 등 대기오염물질을 더 많이 배출한다.

1993년 1월부터 시행된 유럽연합의 배출가스 기준 '유로1'은 2014년 9월에 시행된 '유로6'까지 규제치를 높여왔다. 경유차의 경우 킬로미터당 허용되는 일산화탄소CO는 2.72그램에서 0.50그램으로 5분의 1 미만까지 내려갔으며, 산화질소NO_x와 탄화수소HC의

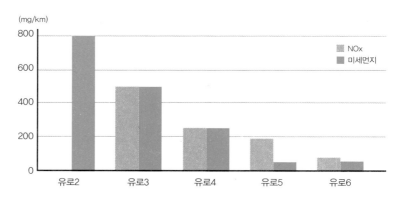

(mg/km)

| | 유로2 | 유로3 | 유로4 | 유로5 | 유로6 |

유럽연합이 도입한 디젤차 배출가스 규제 기준은 꾸준히 강화돼 왔다. 2015년부터 국내 모든 차량에 적용되고 있는 유로6 기준은 2000년대 초에 시행된 유로3 기준에 비해 질소산화물은 84퍼센트, 미세먼지는 91퍼센트 낮다.

양은 0.97그램에서 0.170그램만이 허용되었다. 산화질소만 보면 0.50그램(유로3, 2000년 1월 시행)에서 0.080그램(유로6)까지 강화되었다.

유럽의 자동차 업계는 경유차에 디젤산화촉매DOC와 배기가스 재순환 장치EGR, 디젤입자필터DPF를 장착하여 유로 배출 기준을 맞추며 '클린 디젤'을 표방하였다. 여기에 석유디젤을 대체할 에너지로 팜유와 평지유 등 바이오디젤유의 혼합을 의무화RFS: Renewable Fuel Standard하면서 클린 디젤차는 하이브리드차에 이어 차세대 자동차의 한 축으로 이름을 올렸다. 독일과 프랑스, 영국 등이 앞장 선 바이오디젤 혼합은 유럽연합의 지침으로 채택되어 현재 석유디젤에 약 7퍼센트의 바이오디젤을 혼합한 경유BD7가 사용되고 있다.

21세기 에너지 산업은 어디로 가는가

우리나라도 2015년 7월 말부터 바이오디젤을 2.5퍼센트 혼합한 경유BD2.5를 쓰도록 의무화하였다.

휘발유 엔진에 비해 높은 연비를 자랑하는 클린 디젤차는 2000년대 초반 유럽 시장을 장악했고, 2000년대 후반 세계 시장으로 확산되었다. 서유럽에서는 2006년 이후 신차 판매량의 절반 이상을 디젤 승용차가 차지하였다. 대기오염 문제로 경유차에 소극적이던 우리나라도 2006년 디젤 승용차 판매 규제를 해제하고, 2009년 4월에는 클린 디젤 자동차를 환경 친화적 자동차에 포함시켜 환경개선 부담금을 면제하는 등 보급 촉진에 나섰다. 한국 소비자들의 경유차 선호도도 높아져 2015년에 국내에서 팔린 수입차의 70퍼센트가 디젤차였다.

폭스바겐의 배출가스 스캔들

하지만 클린 디젤은 내연기관 자동차의 한계를 드러내기 시작하였다. 폭스바겐 등 유럽의 자동차 업체들은 이산화탄소 배출 규제에 강하게 반발하였고, 2014년에 유럽연합은 기준치 킬로미터당 95그램의 준수 기한을 2020년에서 2021년으로 늦추었다. 이런 와중에 2015년 9월 19일 미국 환경보호청은 폭스바겐그룹이 폭스바겐과 아우디, 두 업체명으로 미국에서 판매한 48만 2000대의 경유차에 대해 리콜 명령을 내렸다. 폭스바겐이 경유차에 차단 장치 소프트

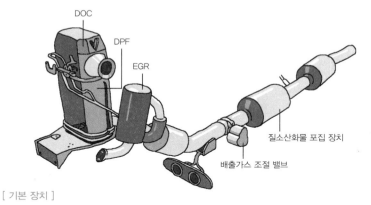

DOC
DPF
EGR
질소산화물 포집 장치
배출가스 조절 밸브

[기본 장치]

디젤산화촉매(Diesel Oxidation Catalyst, DOC)

촉매산화장치. 배기가스에 들어 있는 일산화탄소와 미연 탄화수소, 미세먼지 중 유기물을 촉매가 든 필터를 이용해 제거한다.

배기가스 재순환장치(Exhaust Gas Recirculation, EGR)

배기가스 중 일부를 재순환해 연소실의 연소온도와 산소농도를 낮춤으로써 질소산화물을 저감하는 장치. 유로5 차량에 적용된다. 이산화탄소나 수증기처럼 비열이 큰 물질을 흡기로 순환시켜 연소온도를 낮추는데 이때 출력이 다소 감소한다. 또 엔진 내 연소온도를 낮추기 때문에 미세먼지가 오히려 증가할 수 있다. 미세먼지를 처리하는 DPF에 연료가 추가로 소모돼 연비가 낮아질 수밖에 없다.

디젤입자필터(Diesel Particulate Filter, DPF)

매연여과장치. 배기가스에 포함된 미세먼지를 촉매가 코팅된 필터를 통해 이산화탄소와 수증기로 바꾼다. 그러나 DPF로도 PM2.5의 초미세먼지는 거르지 못한다는 한계가 있다.

[추가되는 장치]

선택적 촉매환원 장치(Selective Catalytic Reduction, SCR)

배기가스에 암모니아 성분인 요소수를 분사한 뒤 SCR촉매를 거치게 하면 인체에 무해한 질소와 물로 변환된다. 질소산화물을 줄일 수 있지만 별도의 요소수 탱크를 냉각수 탱크처럼 꾸준히 채워줘야 한다는 불편함이 있다.

질소산화물 저장·제거장치(Lean NOx Trap, LNT)

주행 중에는 질소산화물을 흡착 및 저장하고(저장모드), 주기적으로 저장된 질소산화물을 탈착해(환원모드) 탈착된 질소산화물을 질소(N_2)와 산소(O_2)로 배출한다. 유로6 차량에 적용된다.

※ 자동차 업체는 유로6를 만족하기 위해 다양한 저감장치를 개발하고 있다. 저감장치를 추가할수록 디젤차의 가격과 무게는 증가한다. 저감장치는 운전자가 평소에 잘 관리하지 않으면 오염물질이 그대로 배출된다는 한계가 있다.

디젤차 배출가스 저감장치. 경유차에 장치를 추가하여 연비를 높이려다 보니 사달이 났다.

자료: 과학동아

21세기 에너지 산업은 어디로 가는가

웨어를 설치하여 정기검사 시에는 배출가스 억제 시스템이 작동하게 하고, 실제 도로 주행 시에는 억제 시스템을 가동하지 않도록 했다는 것이다. 이에 따라 배출 가스량은 정기검사 때보다 실제 40배나 많은 것이 드러났다.

클린 디젤차는 유로6의 규제 기준을 맞추기 위해 디젤산화촉매와 배기가스 재순환 장치, 디젤입자필터 외에 선택적 촉매환원 장치SCR와 질소산화물 저장 제거 장치LNT를 추가하였다. 그런데 폭스바겐은 경윳값이 휘발윳값보다 비싼 미국 시장에서 LNT로 인해 줄어드는 연비를 회복하려고 이런 편법을 동원하였고, 결국 미국에서만 벌금과 보상금 등으로 151억 달러 이상(약 17조 원)을 물기에 이르렀다.

폭스바겐 스캔들은 전 세계로 확대되었다. 우리나라 12만 대를 포함하여 모두 1100만 대가 대상 차량인 것으로 밝혀졌으나 미국을 제외하고는 개별 보상 없이 리콜하여 해당 소프트웨어를 제거하는 것으로 마무리되었다. 다른 지역에서는 실제로 조작 소프트웨어를 작동시키지 않기도 했지만, 그보다는 징벌적 보상제를 채택하지 않은 법체계의 차이 때문이었다. 배기 조작 장치 탑재 스캔들은 아직도 진행 중인데, 2017년 7월 27일 독일이 포르쉐의 카이엔 디젤에 대한 인증을 취소하면서 국내에서도 고객 인도가 중단되었다.

한편 이즈음 독일 주간지 《슈피겔》은 벤츠와 베엠베, 포르쉐, 아우디, 폭스바겐 등 5개 자동차회사가 1990년대부터 자동차 제조 기술과 생산 비용, 배기가스 정화 장치와 관련해 담합해왔다고 폭로하였다. 유로6의 배출 기준을 맞추기 위해 추가로 장착하는 SCR은 요소수 탱크가 필요한데, 5개 사는 이 용량을 일부 업체가 사용했던 35리터가 아닌 8리터로 제작하기로 하여 약 10만 원의 제조비용을 줄이고 트렁크 공간을 확보했다는 것이다. 그리고 소비자들이 요소수 보충을 위해 자주 서비스 센터를 방문해야 하는 불만을 해소하기 위해 정상 주행 상태에서 요소수를 쓰지 않도록 하는 꼼수를 썼다는 것이다.

결국 일련의 디젤차 스캔들은 유로6 기준을 준수하기 위해 추가로 오염물질 제거 장치를 장착할 수밖에 없고, 그에 따른 비용 증가와 연비 하락을 비켜가기 위해 부정한 방법까지 동원한, 내연기관 자동차의 한계를 드러낸 사건이다. 이로 인해 차세대 자동차 경쟁에서 유럽의 자동차 업체가 주도하는 '클린 디젤'에 우호적이었던 유럽의 정책 당국들도 방향을 선회하기에 이르렀다.

2017년 10월, 독일 연방 상원의회가 2030년부터 배출가스를 내뿜지 않는 자동차만 승인하라는 결의안을 통과시킨 데 이어, 영국과 프랑스 정부도 2040년 이후에는 내연기관 자동차 판매를 금지하겠다고 발표하였다. 노르웨이와 네덜란드 정부는 아예 2025년부터 금지하는 안을 추진하고 있다.

이에 대해 유럽 자동차업계는 그동안 진행해온 디젤차의 기술 개발에 박차를 가하는 한편 전기차로 갈아타기에도 한창이다. 2017년에 스웨덴의 볼보는 2019년부터 순수 전기차와 하이브리드차만 제작하겠다고 선언하였다. 반면 독일의 벤츠가 속해 있는 다임러그룹은 7월 말 공개한 '더 뉴S클래스'에 유럽의 국제표준시험방법을 충

 21세기 에너지 산업은 어디로 가는가

족하는 디젤 엔진을 탑재하기 위해 30억 유로(약 4조 원)를 투자하였다. 무거운 화물을 싣고 장거리를 운행하기에는 한계가 있으며, 내연기관차라도 얼마든지 친환경적으로 제작할 수 있다는 자신감에서 내린 결정이라는 설명이다.

하지만 적어도 승용차에서만큼은 클린 디젤 자동차가 차세대 자동차의 반열에서 내려왔음은 부정할 수 없는 사실이다.

09

전기자동차,
세자 책봉을 받다

뜨거운 관심을 모은 콘셉트카 '임팩트'

전기자동차는 내연기관차의 핵심인 엔진이 필요 없다. 축전지에서 전기를 공급받아 모터를 돌리면 차가 움직일 수 있으므로 동력 전달 장치도 간편하다. 배기 장치도 제외된다. 전체적으로 약 40퍼센트의 부품이 줄어든다.

20세기 초에 내연기관 자동차에 반짝 우세를 보인 후 박물관 전시용으로 물러난 전기자동차가 다시 도로 위에 나타난 것은 1996년 말 미국 캘리포니아주와 애리조나주에서였다. 제너럴 모터스는 양산 전기차 1호 EV1을 임대 형식으로 이 지역에 보급하였다. 집과 지정된 장소에서 플러그를 꽂아 충전하여 최대 160킬로미터를 주행할 수 있는 2인승 전기자동차 EV1에 대한 소비자들의 반응은 긍정

21세기 에너지 산업은 어디로 가는가

(파워트레인) 엔진+변속기 엔진과 변속기의 조합을 통해 힘을 낸다. 엔진에서 연료를 연소시켜 동력을 발생시킨다.

 (차량 앞쪽, 엔진 옆쪽) 엔진오일, 미션오일 등 각종 오일류가 필요하다. 엔진의 열을 식혀줄 냉각수와 라디에이터 그릴이 필요하다.

 (바퀴) 일반적인 타이어를 사용한다.

 (연료주입구) 주유소에 가서 주유기를 꽂아 휘발유·경유를 넣는 구조이다. 일반적으로 차량 뒤쪽에 있다.

 (연료탱크) 휘발유 혹은 등유를 저장할 공간이 필요하다. 연료펌프, 연료필터 등 부수적인 부품을 필요로 한다.

(파워트레인) 배터리+모터 배터리는 일종의 연료탱크이다. 전기에너지로 생성된 힘을 모터가 각 바퀴에 배분한다.

(차량 앞쪽, 엔진 옆쪽) 각종 오일류가 필요 없다. 열이 발생하지 않아 그릴·냉각수 등이 필요 없다.

(바퀴) 전기차 전용 타이어가 필요하다. 보다 큰 회전저항과 무거운 무게를 견딜 수 있어야 한다.

(연료주입구) 충전기를 꽂아 배터리를 충전한다. 대부분 차량 앞쪽에 충전단자가 있다.

(연료탱크) 별도의 연료탱크가 필요 없다. 배터리가 이 역할을 대신한다.

내연기관차와 전기차 비교

자료: 현대자동차

전기자동차, 세자 책봉을 받다

적이었다. 지엠은 1994년에 2주간의 시험 주행을 위해 50명을 모집했는데, 1만 명의 신청자가 몰려 신청 전화를 폐쇄해야 했다.

EV1의 콘셉트카는 1990년 로스앤젤레스 모터쇼에서 지엠이 선보인 임팩트였다. 임팩트에 대한 소비자들의 관심이 뜨겁자 지엠은 본격 생산에 들어가겠다고 선언하였다. 이에 고무된 캘리포니아 대기질위원회CARB는 친환경차 규제법을 제정하여 자동차 회사들이 1998년까지 캘리포니아주에서 판매하는 자동차의 2퍼센트를 배출가스가 없는 자동차로 하도록 요구하였다. 무배기 자동차의 판매 비중을 2001년 5퍼센트, 2003년 10퍼센트로 높여간다는 것이 캘리포니아주 정부의 목표였다.

1996년 말 1차 공급 이후 1997년 한 해 동안 지엠은 1세대 EV1 660대를 공급하고, 1999년 2세대 EV1 457대를 출시하였다. 1세대는 16.5~18.7킬로와트시 용량의 납축전지를 사용했는데, 2세대 EV1은 더 향상된 니켈 금속 하이브리드 축전지(용량 26.4킬로와트시)를 사용하였다. 1차 임차인에는 톰 행크스와 멜 깁슨 등 할리우드 스타와 유명 경영인, 정치인이 포함되었다. 사용자들은 환경을 개선한다는 자부심에 월 399~549달러 수준의 임대료를 기꺼이 감수할 의사를 보였다.

21세기 에너지 산업은 어디로 가는가

갑자기 전기차 생산을 중단한 지엠

———

　하지만 2002년 2월, 지엠은 사용자들에게 "EV1을 도로에서 철수시키겠다."라고 발표하고 재계약이나 인수를 거절하였으며, 1999년에 생산을 중단한 EV1 조립 라인을 아예 폐쇄하였다. 2003년 말에 공식적으로 EV1 계획을 취소한 지엠은 임대한 모든 차를 회수하여 일부를 박물관에 기증하고 모두 폐차장으로 보냈다.

　소비자의 긍정적인 반응에도 불구하고 지엠이 전기자동차 판매에서 손을 뗀 것은 이익을 내기가 쉽지 않다는 게 표면적인 이유이다. 아울러 캘리포니아주의 무배기차 보급 목표를 완화 내지는 연

시위에 대응해 경찰의 호위를 받으며 폐차장으로 향하는 EV1 회수 차량

전기자동차, 세자 책봉을 받다

기시키려는 압박 수단이었다. 하지만 이에 대해 비판적인 이들은 자동차 업체가 내연기관 기술 개발에 투자한 수조 원대의 투자를 헛되게 하지 않기를 바라기 때문이라고 공격하였다. 프란시스 코폴라 감독은 〈누가 전기자동차를 죽였나?〉라는 다큐멘터리에서 내연기관 자동차의 이익 구조 유지를 원한 자동차 산업과 퇴조를 두려워한 석유 산업, 그리고 연방 정부를 공범으로 지목하였다. 당시는 2000년 선거에서 당선된 아들 부시 대통령이 석유 산업의 전면에 서 있을 때였다.

전기차가 도로에서 사라지고 일본의 하이브리드 자동차와 유럽의 디젤차가 차세대 자동차로 시장을 넓혀나갈 즈음 전기자동차에 다시 불을 붙인 것은 테슬라의 전기 스포츠카 로드스터이다. 테슬라는 지엠이 EV1을 폐차하던 2003년 마틴 에버하드와 마크 타페닝이 창업하였다. 2004년 페이팔의 경영자 일론 머스크가 투자자로 참여하면서 테슬라는 새로운 방식으로 전기차에 도전하였다.

전기차는 외부로부터 전기를 충전해야 하며, 많은 전기를 충전하려면 그만큼 축전지의 용량이 커져야 한다. 따라서 대부분의 전기자동차 업체들은 단거리를 운행하는 소형 전기차 개발에 집중하였고, 공공기관이나 공원, 골프장 등을 중심으로 저속의 소형 전기차 시장을 개척하고 있었다.

테슬라가 전기 스포츠카로 떠오르다

———

그런데 테슬라는 전기차의 단점이 아닌 장점에 주목하였다. 동력 전달 장치가 간편한 전기차는 내연기관차에 비해 가속력이 뛰어나며 소음이 적다. 이 두 가지 장점에서 테슬라는 고급 스포츠카를 떠올렸으며, 마침내 2008년 2월 테슬라 로드스터를 출시하였다. 정지 상태에서 3.7초면 시속 100킬로미터에 도달하고 한 번 충전으로 400킬로미터를 주행하는 테슬라 로드스터는 저속과 경차, 시내 주행이라는 전기차에 대한 기존의 인식을 한 방에 날려버렸다.

2012년 단종할 때까지 2400대 이상의 로드스터를 판매한 테슬

전기차의 새바람을 일으킨 테슬라의 전기 스포츠카 로드스터

라는 후속 모델로 중형 고급 세단 모델S(2012년 6월 출시), 스포츠 실용차 모델X(2015년 9월 출시), 보급형 중형차 모델3(2017년 7월 출시)를 잇달아 내놓으며 전기자동차의 새 역사를 열어가고 있다. 21세기에 창업하여 불과 4개의 모델을 생산한 테슬라의 시가총액은 이미 수십 종의 라인업을 자랑하는 100년 기업 지엠을 앞질렀고 이제 혼다와 베엠베만을 남겨두고 있다.

테슬라가 전기차의 황태자로 떠오르는 동안 자동차 대기업이 손을 놓고 있었던 것은 아니다. 지엠의 EV1과 비슷한 시기에 시험용 차를 내놓았던 혼다와 도요타, 포드, 닛산, 시트로앵, 푸조 등은 일단 지엠의 전략적 퇴각에 보조를 맞추었다. 그러나 테슬라의 고급스러운 전기차가 각광을 받자 대기업들은 서둘러 보급형 전기차를 내놓아야 했다.

미쓰비시는 2009년 7월, 보급형 경차 i-MiEV를 출시하였다. 이어서 2010년 말 닛산이 소형차 리프를, 지엠이 쉐보레 볼트를 선보였다. 2009년에 집권한 오바마 행정부는 자동차 배기 규제를 강화하고 친환경차에 대해 연방 정부 차원의 세금 감면 등 지원책을 시행하였다. 아울러 2008년 금융 위기 이후 경기 활성화 대책의 일환으로 지엠 등 흔들리는 자동차 업체의 전기차 개발과 생산을 지원하였다.

그러나 전기차 판매는 그리 순조롭지 않았다. 시시때때로 충전해야 하는 불편함과 충전 시설 부족 등으로 내연기관차에 익숙한 소비자들은 하이브리드 자동차와 클린 디젤차를 선호하였다. 2013년 미

21세기 에너지 산업은 어디로 가는가

국의 전기자동차회사인 코다가 파산 신청을 하고, 피스커는 직원의 75퍼센트를 해고했으며, 지엠은 쉐보레 볼트의 생산량을 줄였다. 크라이슬러는 "캘리포니아에서 전기차 피아트500 모델을 판매할 때마다 1만 달러가 손해"라고 하소연하였다. 2012년 말 모델S의 생산을 시작한 테슬라만이 영업이익을 냈다.

클린 디젤차의 몰락, 대세가 된 전기차

2015년 가을 클린 디젤 자동차의 허상이 드러나면서 전기차는 명실상부한 차세대 자동차의 세자로 책봉되었다. 클린 디젤의 본산인 유럽의 여러 나라가 2030~2040년부터 내연기관차 판매를 금지하겠다고 선언하는가 하면, 자동차 대기업들도 서둘러 전기차와 플러그인 하이브리드 자동차의 라인업을 확대하였다. (하이브리드 자동차의 축전지는 운행 중의 유휴 에너지로 충전하므로 전동기는 내연기관 엔진의 보조 역할만 한다. 이에 비해 유휴 에너지는 물론 외부 전력을 공급받아 충전하는 플러그인 하이브리드 자동차의 전동기는 주행 부담을 늘려 연비가 보다 높고 배기는 적다.)

앞서 말했듯이 스웨덴의 볼보는 2019년부터 순수 전기차와 하이브리드차만 제작하고 내연기관 차량은 생산을 중단한다고 선언하였다. 2021년부터 유럽연합의 이산화탄소 배출 규제치 킬로미터당 95그램을 준수하려면 전면적이지는 않더라도 순수 전기차와 하이

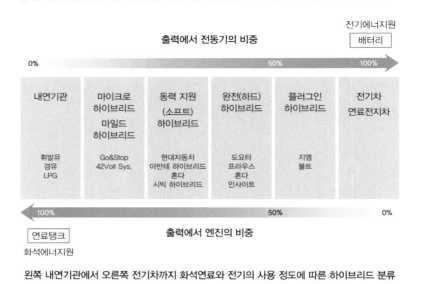

전기에너지원

배터리

출력에서 전동기의 비중

0%			50%		100%
내연기관	마이크로 하이브리드 마일드 하이브리드	동력 지원 (소프트) 하이브리드	완전(하드) 하이브리드	플러그인 하이브리드	전기차 연료전지차
휘발유 경유 LPG	Go&Stop 42Volt Sys.	현대자동차 아반테 하이브리드 혼다 시빅 하이브리드	도요타 프라우스 혼다 인사이트	지엠 볼트	

100%		50%		0%

연료탱크

출력에서 엔진의 비중

화석에너지원

왼쪽 내연기관에서 오른쪽 전기차까지 화석연료와 전기의 사용 정도에 따른 하이브리드 분류

자료: 현대자동차

브리드의 비중을 높일 수밖에 없는 것이 자동차 업체들이 당면한 현실이다.

　테슬라와 함께 우리에게도 널리 알려진 전기차 업체 중에는 중국의 비야디BYD가 있다. 2008년 워런 버핏이 지분 10퍼센트를 매입하면서 세계적으로 유명해진 비야디는 1995년 휴대전화 전지제조 업체로 시작하였다. 2003년 산시성 시안의 국영 친환자동차를 인수한 뒤 "누구나 탈 수 있는 대중적인 전기차를 만든다."라는 목표로 달려왔다. 때맞춰 중국 정부는 재생가능에너지와 함께 전기차를 7대 신성장 동력 산업으로 선정하고 대대적인 지원을 하던 참이었다.

21세기 에너지 산업은 어디로 가는가

2015년 중국의 전기차(플러그인 하이브리드 포함) 판매가 20만 대를 돌파하며 중국은 세계 제일의 전기차 시장이 되었다. 2016년에는 전 세계에서 생산한 전기차의 43퍼센트를 중국 업체가 만들었다. 중국의 전기차 업체들은 비야디를 선두로 베이징자동차, 조티에, 체리 등이 앞서가고 있다. 안후이성 무후시 산하의 국유기업으로 출범한 체리자동차는 도시에 비해 충전소 설치가 상대적으로 용이한 농촌 시장을 먼저 공략하고 있다. 베이징자동차는 2017년 7월 한국에 전기버스와 전기트럭을 판매하기 위해 (주)디피코와 협약을 맺었다.

차세대 자동차의 세자로 책봉된 전기자동차. 그런데 과연 전기차는 이산화탄소와 유해 가스를 덜 배출할까? 2015년 서울대 송한호 교수의 연구에 따르면 당시의 전원 구성 조건에서 중형차의 웰투휠well to wheel(유정에서 바퀴까지 전 주기를 말함) 분석을 해보니 전기차의 온실가스 배출량은 1킬로미터에 86.9그램, 경유차는 137.9그램, 휘발유차는 177.4그램이었다. 전기차가 휘발유차의 절반, 경유차의 3분의 2를 밑돈다. 기후변화 억제에는 확실히 전기차가 유리하다.

전기차는 어떤 전기로 달릴까

유해 가스 배출을 볼 때는 전제 조건이 필요하다. 전기차를 운행할 때 배기가 없는 것은 사실이지만 어떻게 만든 전기를 쓰느냐에 따라 전 주기 오염물질 배출이 달라지기 때문이다. 2014년, 미네소

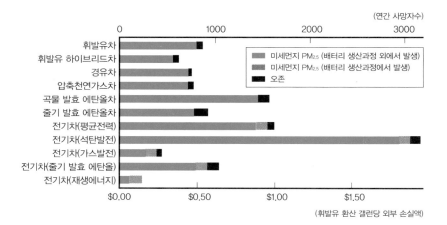

전 주기 자동차 배기로 인한 사망률 예측치

자료: PNAS

타 대학 크리스토퍼 테썸 교수팀이 연구한 바에 따르면 미국에서 일
반 휘발유차(하이브리드 포함)의 배기로 인한 사망자는 878명으로 예
상되는데 전기차는 전원 구성에 따라 편차를 보였다. 재생가능에너
지로 생산한 전력을 사용할 경우에는 231명으로 대폭 줄어들지만,
천연가스 전력일 경우에는 439명으로 절반 수준이며, 석탄화력으
로 발전한 전력일 경우에는 3000명 이상으로 휘발유차보다 2.5배
많을 것으로 예상되었다. 연구진은 2013년 미국의 전원 구성(석탄
38.9퍼센트, 석유 0.7퍼센트, 천연가스 28퍼센트, 원자력 19.4퍼센트, 수력
6.7퍼센트, 재생가능에너지 6.2퍼센트)에 따른 전력으로 전기차를 운행
할 경우 전 주기에서 배출하는 오염물질로 사망하는 사람은 1500명

21세기 에너지 산업은 어디로 가는가

에 이르는 것으로 추산하였다.

미네소타 대학의 연구는 전기차가 진정으로 청정한 운송 수단이 되려면 청정한 전력을 공급받아야 한다는 점을 일깨워준다. 우리나라도 화석연료 발전량이 62퍼센트(2015년)를 차지하는 상황이므로 전기차가 온실가스 배출 감소에는 기여하겠지만, 유해한 오염물질이 도로에서 줄어든 대신 화력발전소에서 집중적으로 배출되는 풍선효과만 있을 뿐이다. 따라서 차세대 자동차의 세자 책봉을 받은 전기차가 왕좌에 등극하기 위해서는 재생가능에너지의 획기적인 확대가 선행되어야 한다.

한편 전기차는 자동차 소유자가 자신의 집에 설치한 태양광이나 풍력발전기로부터 충전한 뒤 전기료가 비싼 첨두부하 시간대에 팔

전기차의 축전지는 재생가능에너지 발전의 저장 수단으로도 활용될 것이다.

자료: 한전 블로그

아 수익을 올리는 에너지 저장 장치의 역할도 하게 될 것이다. 실시간으로 양방향 체크가 가능한 스마트 계량기가 보급되고 전력 수요 관리를 위해 시간별 요금제가 도입되면 바로 시행이 가능한, 머지않은 우리의 미래이다.

2015년 말에 누적 판매 대수가 126만 대에 이르러 100만 대 고지를 넘어선 전기차(플러그인 하이브리드 포함)는 이듬해인 2016년에는 한 해 동안에만 약 100만 대가 팔렸다. 그러나 전 세계 자동차가 이미 10억 대를 넘어섰으니 전기차의 비중은 아직 1퍼센트에도 미치지 못한다.

전기차의 핵심은 축전지이다. 차량 가격의 30~50퍼센트를 차지하는 축전지의 성능이 향상되어 동급의 내연기관차에 비해 가격 경쟁력을 갖기 위해서는 적지 않은 시간이 필요하다. 또한 충전 인프라가 늘어나 주행 시 불안을 느끼지 않을 정도로 배치되고 충전 시간도 단축해야 한다. 따라서 현재 수준에서는 내연기관을 같이 쓰는 플러그인 하이브리드와 하이브리드 자동차가 점차 퇴출되는 내연기관차의 공백을 메울 것으로 보인다.

21세기 에너지 산업은 어디로 가는가

10

수소연료전지차,
아직은 물음표

물을 배출하는 수소의 환경적 장점

차세대 자동차의 막둥이는 수소연료전지차FCV or FCEV: Fuel Cell Electric Vehicle이다. 연료전지차의 구조는 모터로 구동하는 전기차의 구성을 따른다. 다만 순수 전기차에서는 충전하여 쓰는 축전지를 수소로 전기를 만드는 연료전지가 대신하고, 연료원인 압축수소통이 추가된다. 말하자면 자가발전 전기차인 셈이다. 이 때문에 연료전지차 또는 연료전지 전기차로 불린다. 연료전지의 연료는 탄화수소나 알코올 등도 쓸 수 있지만 천연가스에서 개질한 수소가 가장 경제적이므로 현재 사용하는 연료전지는 대부분 수소연료전지이다.

수소차가 차세대 자동차의 반열에 오른 것은 수소가 연소하면 물이 되어 유해 물질을 배출하지 않는다는 점 때문이다. 그래서 수소를 이용한 자동차는 일찍부터 관심의 대상이었으며 처음에는 수소엔진 개발에서 출발하였다. 휘발유나 경유 대신 수소를 폭발시켜 힘을 얻는 수소 내연기관은 이미 1920년경에 개발이 이루어졌다. 그러나 흡기 과정에서 이상연소가 일어나고, 조기 착화로 인한 역화 발생으로 폭발 위험이 있으므로 도로에 나서지는 못하였다.

마지막까지 수소 엔진에 미련을 보인 곳은 내연기관 기술에 나름 자부심이 있던 베엠베이다. 베엠베는 단추를 눌러 휘발유와 수소를 교체 사용할 수 있는 하이드로겐 7을 개발하여 충돌 시험 등을 마치고, 2007년 할리우드 스타와 영향력 있는 정치인 등 100명에게 리스 형식으로 대여하였다. 2008년에는 서울모터쇼에 전시하고 국내 도로 주행을 선보이기도 하였다. 하지만 휘발유와 교대로 연소하므로 미국 환경부로부터 무배기차 인정을 받지 못하였고, 수소 연소 시 현저히 떨어지는 연비를 해결하지 못해서, 2000년대 후반 베엠베도 양산을 포기해야 했다.

반면 수소연료전지차는 수소를 내연기관에서 태우는 것이 아니라 수소와 산소를 촉매에 의해 화학적으로 반응시켜 전기를 얻고, 그 전기로 전동기를 돌려 차를 움직인다. 연료전지는 미국과 소련의 우주개발 경쟁 덕에 발전하여 1960년대 제미니와 아폴로 등 우주선에 적용되었다. 지엠은 1966년 최초로 도로 주행을 한 연료전지차 쉐보레 일렉트로반을 만들었다. 일렉트로반은 스포츠 실용차를 활용했음에도 연료전지 스택과 수소와 산소통을 싣느라 2인승

21세기 에너지 산업은 어디로 가는가

차가 되었다. 지엠은 엄청난 비용 때문에 한 대만 만들고 계획을 접었다.

차세대 자동차로 전기차 개발이 활기를 띠면서 자체적으로 전기를 공급하는 연료전지차도 다시 연구 개발 대상이 되었다. 주요 업체들은 캘리포니아의 무배기 차량 지원 정책에 따라 2000년대 초반부터 시험용 연료전지 차량을 선보였다. 2001년 현대의 쌴타페 FCV를 시작으로 2002년 혼다의 FCX-V4, 2003년 포드의 포커스 FCV와 닛산의 엑스트레일 FCV04, 2005년 메르세데스 벤츠의 F-Cell, 2007년 지엠의 쉐보레 이쿼녹스 FC, 2008년 혼다의 FCX 클래러티가 잇달아 캘리포니아의 얼리 어댑터들에게 임대되었다.

현대차, 세계 최초로 수소차를 양산하다

현대차는 차세대 자동차 중 일찍부터 연료전지차를 핵심 개발 대상으로 선정하였다. 전기차에 비해 연구 개발 단계가 초기라는 점도 후발 주자에게는 매력이었다. 현대차는 쌴타페 FCV로 2000년 11월부터 캘리포니아 연료전지차 프로그램에 참여하고, 2008년 8월에는 투싼 FCV와 스포티지 FCV로 미국 18개 주 31개 도시를 순회하는 북미 횡단 프로그램에도 함께하였다.

마침내 2013년 3월, 현대차는 세계 최초로 양산 체제를 구축하고 투싼ix FC를 출시하였다. 이 차는 한 번 수소를 충전하면 594킬로

Ⓐ 수소 저장 시스템
수소전기차의 에너지 공급원인 수소를 저장하는 장치

Ⓑ 고전압 배터리
차량 가속 시 에너지 공급을 통해 연료전지를 보조하고, 감속 시에는 회생제동 에너지를 저장하여 연료전지 시스템의 효율을 높이는 장치

Ⓒ 연료 전지 스택
공급된 수소와 산소를 반응시켜 전기를 생산하는 발전기

Ⓓ 전기 구동 모터 및 감속기
스택에서 공급받은 전기에너지로 구동력을 발생시키고 토크를 제어하는 장치

Ⓔ 전력 변환장치
연료전지 스택 및 고전압 배터리에서 공급된 직류전압을 교류전압으로 변환시켜 구동모터를 제어하는 장치

현대자동차는 일찍이 수소연료전지차 개발에 나서 첫 양산 업체가 되었다. 투싼ix FC의 구조.

미터를 주행할 수 있는데, 휘발유로 환산한 연비는 리터당 27.8킬로미터에 이른다. 연료전지차는 수소와 산소가 화합하여 전기를 만들고 물을 배출하므로 영하에서는 얼지 않도록 처리해야 한다. 투싼ix

21세기 에너지 산업은 어디로 가는가

FC는 섭씨 영하 20도에서 구동이 가능하도록 하였다. 이어 2015년에는 도요타의 미라이와 2016년 혼다의 클래러티가 출시되었다. 현대가 기존 스포츠 실용차 모델을 기반으로 연료전지와 모터를 장착한 데 비해 미라이와 클래러티는 고유 모델의 세단이다.

수소연료전지차가 가진 장점은 내연기관과 달리 유해한 배기가 없으며 전기차에 비해 충전 시간이 짧고 한 번 충전으로 장거리 주행이 가능하다는 점이다. 천연가스를 개질하여 얻은 수소를 사용하는 경우 전 주기 이산화탄소 배출을 보면 연료전지차는 내연기관 자동차에 비해 약 55퍼센트, 하이브리드 자동차에 비해 약 75퍼센트 수준이다. 그리고 5분 충전으로 400킬로미터 이상의 장거리를 주행할 수 있다.

그러나 수소를 얻고 압축하고 보관하는 과정에서 많은 에너지를 소비하므로, 실제 자동차 구동에 쓰이는 에너지는 약 25퍼센트 정도이다. 내연기관에 비해 에너지 효율은 나을 것이 없는 셈이다. 또한 전기차에 비하면 축전지보다 연료전지의 생산 비용이 높을 뿐 아니라 전기를 그냥 충전해서 쓰는 편이 훨씬 효율적이다. 이 때문에 승용차에서 수소연료전지차가 전기차를 대체할 가능성은 보이지 않는다.

연료전지차를 생산하는 업체들은 장거리 운행이나 무거운 짐을 실어야 하는 상용차 분야에서 연료전지차가 전기차를 대신할 수 있을 것으로 기대한다. 그러나 수소를 압축하고 수송하고 충전하는 시설은 전기차 충전 시설보다 더 많은 비용을 필요로 한다. 현재 전기차 충전 시설이 빠르게 늘어나고 있어, 사용자들이 큰 불편을 느끼지 않는 상황에서도 수소 충전 시설에 막대한 투자를 하게 될지는 미지수이다. 수소연료전지차의 미래가 불투명한 까닭이다.

21세기 에너지 산업은 어디로 가는가

11

수소는 1차
에너지가 아니다

수소혁명, 쥘 베른의 예언은 실현될까

대체에너지를 검색하면 '수소혁명' 또는 '수소경제'라는 말을 많이 만난다. 수소연료전지가 분산발전과 수송용 동력원, 가정용 열병합발전에서 눈부신 활약을 할 것이며, 미래에는 수소연료가 탄화수소연료를 대체하게 될 것이라는 이야기이다. 프랑스의 공상과학소설가 쥘 베른은 일찍이 1874년 소설 《신비의 섬》에서 향후 인류문명에 필요한 에너지는 물로부터 추출하는 수소에서 얻는 날이 올 것이라 예언한 바 있다. 과연 그럴까.

수소는 하나의 원자핵과 전자로 이루어진 가장 작은 원소이다. 우주에 존재하는 모든 물질 질량의 75퍼센트를 차지할 정도로 풍부한 원소이지만 지구에서는 전체 질량의 0.9퍼센트를 점한다. 또한 수소는 가연성이 높아 산소를 만나면 급격하게 연소하여 에너지를 내고 물이 된다. 즉 화석연료의 성분인 탄화수소보다 불에 잘 탈 뿐만 아니라 불에 탄 후 이산화탄소나 다른 오염물질을 만들어내지 않는다. 부피에 비해 에너지 밀도가 낮다는 점과 가연성이 높아 폭발할 위험이 높다는 점만 잘 제어한다면 대단한 장점을 지닌 연료이다.

1766년에 영국의 캐번디시가 수소를 발견하고 이어 프랑스의 라부아지에가 물을 분해하여 수소를 얻는 데 성공한 뒤, 수소가 처음 일상생활에서 사용된 것은 프랑스의 물리학자 샤를이 만든 수소 기구였다. 1785년 수소 기구가 도버해협을 횡단한 뒤에는 본격적으로 비행선에 적용되었다. 프랑스의 앙리 지파르는 1852년, 커다란 수소 기구에 엔진과 조종 장치를 부착한 비행선으로 시속 10킬로미터로 비행하는 데 성공하였다. 독일 장군 출신인 체펠린 백작은 비행선 제조회사를 세우고 1900년 휘발유 엔진과 알루미늄 프로펠러를 장착한 대형 비행선을 만들어 본격적인 교통수단의 반열에 올려놓았다.

그의 이름을 딴 '체펠린 백작호'는 길이 235미터에 550마력 엔진 5개를 장착한 초대형 비행선으로, 1929년 65명의 승객을 태우고 시속 110킬로미터의 속력으로 세계 일주 비행에 성공하였다. 1930년대 유럽의 하늘에서 거대한 럭비공 모양의 비행선을 보는 일은 어렵지 않았다. 그렇게 승승장구하던 수소 비행선이었지만 폭발성이 강한 수소를 가득 싣고 다녀야 한다는 위험성을 끝내 넘어서지 못하였다. 1937년 5월 독일 프랑크푸르트를 출발하여 미국으로 향한 힌덴부르크호가 뉴저지주의 레이크허스트 공항에 도착하여 지상에 계

21세기 에너지 산업은 어디로 가는가

레이크허스트 공항으로 접근하는 비행선 힌덴부르크호. 우측으로 떠나는 비행선이 보인다.

류할 준비를 하던 중 화재 사고가 발생하였다. 수소에 붙은 불은 거대한 불기둥으로 타올랐고 97명의 승객 중 36명이 사망하였다. 이 사고로 수소 비행선은 쇠퇴의 길로 들어서고 등유를 쓰는 내연기관 비행기에 하늘 길을 내주었다.

이후 화학 산업의 원료로만 사용되던 수소는 화석연료의 고갈이 예고되면서 대체 연료에 대한 연구가 활발해지자 다시 주목을 받게 되었다. 화석연료 이후의 시대를 '수소경제' 시대라고 하는 사람들도 생겨났다. 수소경제라는 말은 2005년 미국 제너럴 모터스사의 첨단기술 자동차 개발 담당인 로버트 퍼셀 전무이사가 처음 사용하였다. 이들은 수소연료전지가 에너지 효율이 높고 온실가스를 배출

수소는 1차 에너지가 아니다

불타는 힌덴부르크호. 수소에 불이 붙으면 큰 사고로 이어진다.

하지 않아 탄화수소 연료의 뒤를 이을 차세대 에너지 체제의 주역이
라고 치켜세운다. 이런 말을 듣다 보면 태양에너지, 풍력, 수력, 해
양에너지, 바이오에너지처럼 수소도 차세대 1차 에너지원의 하나라
는 생각이 들지 모른다.

수소는 에너지를 써야 얻는다

하지만 한 가지 중요한 사실이 있다. 수소는 목재나 석탄, 석유,

천연가스, 우라늄과 같은 1차 에너지가 아니라는 점이다. 대기 중 수소의 비율은 1퍼센트를 넘지 않으며 물이나 탄화수소와 같이 화합물의 형태로 존재한다. 따라서 수소를 연료로 사용하려면 천연가스에서 수소를 추출해내거나 물을 전기분해하여 얻어야 한다. 현재 우리가 수소를 얻는 방법은 이렇게 에너지를 사용하여 다른 물질에서 추출해내는 방법밖에 없다. 즉 수소는 자연으로부터 주어지는 1차 에너지가 아니라 에너지를 변환하여 사용하는 과정에서 에너지를 전달해주는 에너지 전달체 혹은 2차 에너지일 뿐이다.

수소를 연료로 사용하는 방법으로는 직접 태워 열을 이용하는 방법과 연료전지를 통해 전기를 생산하는 방법이 있다. 하지만 수소를 직접 태우는 방식은 수소의 높은 반응성을 충분히 제어해야 하므로 안전성에서 아직 부족함이 많다. 이 때문에 보다 많은 연구가 진행되고 실용화에도 접어든 것은 연료전지이다.

수소를 이용한 연료전지의 원리가 발견된 것은 170년도 넘은 오래전 일이다. 1839년, 영국의 윌리엄 그로브는 물을 전기분해한 뒤 전원 대신 전류계를 연결했을 때 약한 전류가 흐르는 현상을 발견하였다. 그러나 납축전지와 망간전지, 니켈카드뮴전지 등 현재까지 사용되고 있는 1차 전지와 2차 전지가 차례로 발명되면서 연료전지는 뒤로 밀려나 실용화되지 못하였다.

연료전지가 상용화된 것은 1950년대 우주개발 계획과 궤를 같이한다. 우주선은 추진 동력원으로 수소와 산소를 저장해야 했으며, 유인 우주선은 물을 필요로 하였다. 따라서 수소와 산소로 전기

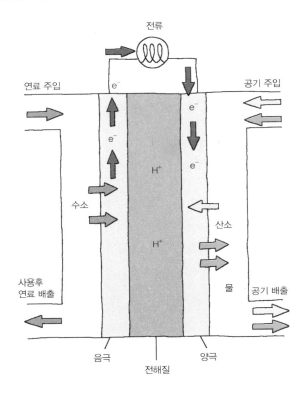

전류

연료 주입

공기 주입

e^-

e^-

e^-

e^-

수소

H^+

산소

H^+

사용후
연료 배출

물

공기 배출

음극

전해질

양극

**연료전지의 원리. 음극에 공급된 수소는 촉매에 의해 전자가 분리되고
전해질을 통과한 수소이온은 양극에서 산소와 결합하여 물이 된다.**

를 만들 뿐만 아니라 물이라는 부산물까지 만들어내는 연료전지가
우주선에는 더없이 반가운 에너지 생산 방식이었다. 그리하여 미
국 제너럴 일렉트릭이 제조한 고분자 고체 전해질 연료전지PEFC가
1964년부터 1966년까지 발사된 제미니 우주선에 탑재되었다. 1967년

21세기 에너지 산업은 어디로 가는가

인공위성이나 우주정거장이 태양전지를 쓰는 반면 달탐사를 목표로 했던
제미니와 아폴로에는 연료전지가 탑재되었다.

부터 발사된 아폴로 우주선에는 UTC사와 앨리스-참머스사가 공동
개발한 알칼리 연료전지AFC가 장착되었다. 알칼리 전지는 지금까
지 우주용으로 사용되고 있다.

　지상에서 연료전지의 상용화는 지지부진하였다. 자동차 대체 연
료를 개발하는 과정에서도, 1978년 독일의 자동차회사 베엠베는 연
료전지 대신 내연기관에서 수소를 폭발시키는 직접 연소 방식을 채
택하였다. 그러던 중 1990년대 기후변화가 심각한 문제로 대두되면
서 연료전지는 다시금 각광을 받았고, 제너럴 모터스의 퍼셀 전무이
사가 '수소경제'를 언급하기에 이른 것이다.

수소는 1차 에너지가 아니다

수소연료전지가 수소경제 시대 이끈다

———

　석유에 의해 탄생하고 발전한 자동차업계에게 석유의 종말은 치명적 위기이며, 대체에너지 개발은 생존을 위한 과제였다. 현재 차세대 자동차 개발에서는 전기차가 대세를 이루는 가운데 수소의 직접 연소 방식에 비해 에너지 효율이 높고 동력화가 용이한 수소연료전지차가 가세하였다. 2007년 수소 엔진을 장착한 자동차 하이드로젠7을 개발한 베엠베도 결국 양산을 포기한 상태이다. 2013년 현대자동차가 세계 최초로 양산 체제를 구축하여 투싼ixFC를 출시한 이후에는 연료전지차가 본격 상용화 시대로 접어들었다.

　연료전지의 적용 범위는 자동차를 넘어 분산발전용과 건물용, 휴

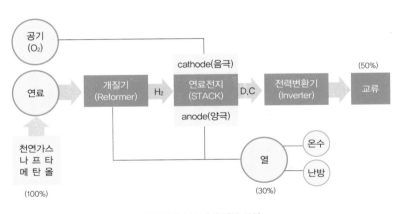

연료전지 시스템의 기본 구성

자료: 에너지관리공단

21세기 에너지 산업은 어디로 가는가

국내외 판매중인 발전용 연료전지 대표 제품 비교

제조사	포스코에너지 (FuelCell Energy)	두산	블룸에너지	후지전기
사진				
정격출력	2.5MW	400kW	250kW	100kW
유형	MCFC	PAFC	SOFC	PAFC
발전효율	47%	42%	53~65%	42%
특징	RPS 정책, 국내점유율 1위, FCE와 기술 제휴	미국 CEP로부터 원천기술 인수	미국 CA주 SGIP 정책으로 급성장, SOFC 발전시장창출	유럽 산업용 발전 시장진출 확대

자료: 2016 신재생에너지백서

대용 전원으로 확대되고 있다. 분산발전이란 수백 킬로와트에서 수만 킬로와트의 전력을 소비처에서 직접 생산하는 발전으로, 송전에 의한 에너지 손실(5~8퍼센트)을 줄일 수 있다. 분산발전용 연료전지의 초기 시장은 비상시를 대비한 백업발전 시장인데, 현재 백업발전용으로는 기동성이 뛰어난 디젤엔진 시스템이 주로 사용되고 있다. 연료전지 백업발전 시스템은 기존 디젤발전기에 비해 발전 효율이 높고 운영비가 낮은 장점을 지니고 있다. 고온형 연료전지의 경우에는 긴 기동시간의 단점을 보완하기 위해 상시 운전을 통해 열과 전력을 판매하여 수익을 얻고, 비상시에는 백업용으로 사용하는 방식을 택할 수 있다.

건물용 연료전지 시스템은 도시가스나 LPG에서 추출한 수소와 공기 중의 산소 사이에 화학반응을 일으켜 전기와 열에너지를 생산하는 열병합발전 장치이다. 고분자 전해질 연료전지를 사용한 가정용 연료전지의 전기효율은 35퍼센트로 상당히 높은 수준이며, 전기 생산 과정에서 발생하는 열로 난방과 온수까지 해결하는 열병합 시스템까지 적용하면 70~80퍼센트까지 에너지 효율이 올라간다.

휴대용 연료전지는 휴대가 간편하고 작동이 편리하며 연료 교체가 용이하다. 상용화를 앞두고 있는 휴대용 연료전지는 수 와트에

국내외 판매중인 주택·건물용 연료전지 제품 비교

제조사	에스퓨엘셀	두산	도시바	파나소닉	아이신
사진					
정격출력	1kW	1kW	700W	750W	700W
크기	600×600×1,600(576L)(온수저장용기일체형)	500×700×1,550(542L)(온수저장용기일체형)	1,000×780×300(234L)(온수저장용기분리형)	1,800×315×480(272L)(온수저장용기분리형)	195×780×330(50L)(온수저장용기분리형)
유형	PEMFC	PEMFC	PEMFC	PEMFC	SOFC
발전효율	36%	35.2%	39%	39%	51%
가격(만 원)	2,700	2,700	1,700	1,700	
특징	건설회사와 협력 규제시장개척	국내점유율 1위 6000대/년 공장완공	최고 종합효율 94% BAXI와 제휴	독일 Viessmann과 제휴	최고 발전 효율 BOSCH와 제휴
누적보급 (2015년 말)	3,000			150,000	

자료: 《2016 신재생에너지백서》

21세기 에너지 산업은 어디로 가는가

서 수백 와트급의 소형 전자기기용 전원 시스템이나 군사용 휴대 전원 시스템으로 활용될 수 있다.

이렇듯 수소는 1차 에너지는 아니지만 에너지 전달체로서 에너지 효율화 분야에서 중요한 역할을 맡을 수 있다. 문제는 수소를 구하는 방법이다. 수소가 청정에너지라는 환상은 물을 전기분해하여 수소를 얻고 이 수소를 산소와 반응시켜 에너지를 얻으면 다시 물이 되는 방식에서 나온다. 그러나 현실에서는 물을 전기분해하니 그냥 그 전기를 쓰는 게 효율적이고 경제적이다.

전기분해로 물을 분해하여 수소로 에너지를 저장하는 것이 효율적인 경우는 그야말로 남는 전기를 저장하는 경우뿐이다. 남는 전기로 양수발전소의 물을 끌어올려 에너지를 저장하듯이 남는 전기로 수소를 만드는 것이다. 이런 시스템은 요즘 태양광이나 풍력 같은 재생가능에너지발전 시설에 연료전지를 병합하는 방식으로 진행한다. 기상 상태에 따라 가변적인 재생가능에너지의 발전 상태를 보완하는 체계이다.

수소연료전지는 재생가능에너지가 아니다

———

현재 우리나라에서는 연간 5000만 톤 정도의 산업용 수소가 사용되고 있는데 이 중 96퍼센트는 화석연료에서 생산한다. 화학 산업에서는 주로 나프타 분해나 프로판 탈수화(프로필렌 생산이 목적)

수소생산 기술의 분류

구분	방법	원료	에너지원	기술수준
화석연료 이용	수증기 개질	천연가스, LPG, 나프타	열	상용
	이산화탄소 개질	천연가스	열	–
	부분산화	중질유, 석탄	열	상용
	자열개질	천연가스, LPG, 나프타	열	상용
	직접분해	천연가스	열	상용
비화석연료 이용	전기분해	물	전기	상용
	열화학 분해	물	고온열(원자력, 태양열)	연구중
	생물학적 분해	물 또는 바이오매스	열, 미생물	연구중
	광화학적 분해	물	태양광	연구중

자료: 《2016 신재생에너지백서》

과정으로 생산하고 연료전지에서는 주로 천연가스 수증기 개질 방법을 사용한다. 천연가스의 경우 주성분인 메탄(CH_4)과 수증기(H_2O)를 개질기에서 반응시키면 일산화탄소(CO)와 수소($3H_2$)를 생성하면서 열을 낸다. 유해한 일산화탄소(CO)는 다시 물(H_2O)과 반응시켜 최종적으로 이산화탄소(CO_2)와 수소(H_2)로 전환시킨다.

즉 화석연료에서 수소를 분리하고 나면 남는 것은 탄화수소와 이산화탄소 같은 온실가스이다. 따라서 수소의 사용이 온실가스를 감축한다는 것은 에너지 효율을 높일 때뿐이다. 효율을 높인 만큼 온실가스를 덜 배출하는 것이다. 연료전지가 보다 친환경적이려면 천연가스 개질기에서 발생하는 이산화탄소를 포집, 처리할 수 있는 장치가 부가되어야 한다. 그러려면 그렇지 않아도 대용량 킬로와트당 400만 원, 가정용 시스템(1킬로와트) 2700만 원 수준으로 높은 발전

21세기 에너지 산업은 어디로 가는가

비용이 더 높아질 수밖에 없다.

정부는 연료전지의 보급 확대를 위해 수소로 에너지를 생산하는 경우 이를 '신에너지'로 인정하여 공급 의무화 제도RPS를 통해 지원하고 있다. 특히 공급인증서 발급 시 연료전지에는 발전량의 두 배를 인정해주는 방식을 취하고 있다.

본래 공급 의무화 제도나 기준 가격 의무 매입 제도FIT 같은 지원 제도는 1차 에너지원인 재생가능에너지의 보급을 확대하려는 것이다. 그런데 우리나라는 '재생에너지' 외에 신에너지라는 개념을 두어 화석연료를 변환시켜 이용하는 경우까지 재생가능에너지원과 같은 대우를 하고 있다.

이로 인해 발전사들이 의무 공급량을 채우려고 태양광이나 풍력발전 같은 재생가능에너지원보다 손쉽게 목표를 채울 수 있는 연료전지발전에 보다 많은 투자를 하는 현상이 나타나기도 한다. 이런 정책적 모순을 해결하려면 신에너지라는 개념을 없애고, 수소를 이용한 연료전지는 에너지 효율화라는 제자리로 배치되어야 한다. 에너지 효율화는 수요 감축을 위한 핵심적 정책 수단으로 이 또한 '에너지 이용 합리화법'을 통해 필요한 지원이 이루어지고 있다.

12

해외에서 재생에너지를 수입하는 모순

비싼 목재 펠릿을 왜 수입할까

2016년 한국전력 발전 자회사 국정감사에서는 석탄화력발전소에서 혼소하고 있는 목재 펠릿이 도마 위에 올랐다. 정운천 의원은 재생가능에너지 지원 제도인 공급 의무화 제도RPS가 시행된 2012년에 비해 2015년 목재 펠릿 혼소량이 30배 가까이 증가했다고 밝혔다. 그런데 목재 펠릿 사용량의 대부분은 동남아시아 등 해외에서 수입하며, 열량당 가격도 유연탄에 비해 2.59배가 비싸다고 한다. 가스 발전보다도 비싸다. 2017년 국정감사에서는 이찬열 의원이 한전의 5개 발전 자회사가 2012년부터 2016년까지 수입한 목재 펠릿과 목재칩, 팜열매껍질은 총 521만 톤으로 9263억 9300만 원이 유출되었다고 지적하였다.

21세기 에너지 산업은 어디로 가는가

발전사들은 왜 더 비싼 목재 펠릿을 해외에서 사다가 혼소할까? RPS로 대형 발전사들은 올해 발전량의 3.5퍼센트를 신재생에너지로 채워야 한다. 부족한 양은 소규모 신재생에너지 발전사업자들로부터 인증서REC를 사들여야 한다. 그런데 신재생에너지로 인정해주는 것 중에 목재 펠릿이 있다. 목재와 나뭇잎 등을 압축해 만든 목재 펠릿은 바이오에너지에 포함되기 때문이다. 발전사로서는 스스로 태양광발전 설비를 설치하거나 소규모 인증서를 사 모으느니 자사가 가동해야 하는 석탄화력발전소에 목재 펠릿을 섞어 때고 목표량을 채우는 게 훨씬 손쉽다.

이와 비슷한 경우가 바이오디젤이다. 제주도에 있는 경유 화력발전소는 바이오디젤을 섞어 때고 REC를 받는다. 바이오디젤 역시 동남아에서 주로 수입한다. 가격도 보통 경유보다 비싸다. 사정이 이러하다면 목재 펠릿이나 바이오디젤을 혼소할 이유가 없다. 왜 더 비싼 에너지원을 해외에서 사들여야 하는가.

정부가 수입 목재 펠릿과 수입 바이오디젤의 혼소에 REC를 부여하는 근거는 온실가스 감축에 기여한다는 것이다. 유연탄이나 경유는 화석연료로서 연소 시 온실가스를 배출하지만, 바이오에너지는 생성 과정에서 이산화탄소를 흡수하여 탄소 중립적이기 때문이다. 전 세계적인 과제인 기후변화에 대응하는 데는 물론 유용한 방법이다. 이에 따라 정부는 2015년 7월 말부터 자동차용 경유에 바이오디젤을 2.5퍼센트 섞어 사용하도록 하고 있다.

배보다 배꼽이 더 큰 온실가스 감축 정책

———

그러나 바이오에너지가 온실가스 감축 정책에서 항상 긍정적인 자원인 것은 아니다. 바이오에너지가 탄소 중립적이라는 것은 식물 생태계가 복원 가능한 범위에서만 그러하다. 한 해 동안 자란 것보다 더 많은 바이오매스를 태워버리면 초과 분량은 온실가스 배출량이 된다. 자연림을 파괴하고 팜유나 사탕수수를 재배하는 것도 생태계에 좋지 않은 영향을 끼친다. 식량 자원과 경합하는 것도 문제이다. 그래서 옥수수로 생산한 바이오에탄올을 많이 사용하는 미국도 옥수수 알곡이 아니라 옥수숫대 등의 폐기물에서 바이오에탄올을 생산하는 쪽으로 방향을 바꾸고 있다.

바이오에너지가 재생가능에너지가 되려면 국내에서 생산하는 바이오에너지로 한정해야 한다. 바이오에너지는 한 해 성장하는 양이 제한되어 있으며, 에너지 밀도도 국경을 넘어 수송할 만큼 크지 않다. 즉 목재 펠릿을 동남아에서 실어오느니 그 배에 쓴 기름을 때는 것이 더 효율적일 수 있다.

목재 펠릿에 REC를 부여하는 것은 온실가스 감축 방안을 재생가능에너지 지원으로 보전하려는 정책 수단의 방향이 잘못되었다는 것을 보여준다. 2010년 4월부터 시행하고 있는 온실가스 및 에너지 목표 관리제에 의해 발전사들은 할당된 배출량을 초과할 경우 제재를 받으며, 목재 펠릿이나 바이오디젤의 사용은 온실가스 감축으로 반영된다. 여기에 재생가능에너지 발전 인증REC이라는 혜택이 추

21세기 에너지 산업은 어디로 가는가

화천군 느릅마을의 산림바이오매스센터. 군에서 생산하는 목재펠릿으로 지역난방을 하고 있다. 바이오에너지는 이와 같이 국내에서 생산하는 것이 재생가능에너지이다.

가된 것이다.

이런 정책 수단의 방향 착오는 정작 RPS로 지원을 받아야 하는 태양광이나 풍력, 지열 등 재생가능에너지의 보급을 제약하는 결과로 나타난다. 재생가능에너지원 발전량의 부담을 덜어낸 만큼 소규모 사업자에게서 사들이는 REC가 줄어들었고, 이는 REC 가격을 떨어뜨려 소규모 재생가능에너지 발전사업자들의 수익을 하락시켜 보급을 가로막는 요인이 되었다.

이를 바로잡으려면 재생가능에너지로서 바이오에너지를 국내에서 한 해에 생산하는 바이오매스, 그리고 이를 변환한 에너지로 분명하게 인식하는 데서 시작해야 한다. 더 이상 기후변화에 대응하는 수단의 하나라고 하여 해외에서 비싼 돈을 주고 재생가능하지 않은 에너지를 사들여오는 모순과 비효율을 반복해서는 안 된다.

13

에너지 산업,
결국 정치에 달렸다

영국에는 왜 녹색당 의원이 드물까

세상만사에는 앞선 자와 뒤처진 자가 있기 마련이다. 에너지 분야에서도 앞서가며 변화를 이끌고 관련 산업의 발전까지 이뤄내는 나라들이 있는 반면 여전히 화석연료와 핵에너지에 중독된 나라들도 있다. 앞서가는 나라는 독일과 덴마크 등 중북부 유럽 국가들이다. 그런데 같은 유럽에서도 프랑스와 영국은 원전에 대한 미련을 버리지 못하고 재생가능에너지 보급에서도 뒤처진다. 이런 차이는 어디서 오는 것일까? 그 차이는 녹색당과 같이 생태계의 지속가능성과 기후변화 등에 관심이 많은 정치 세력이 의회(권력 구조)에 진출한 정도에 달려 있다.

독일 에너지 전환 정책의 기틀이 된 2000년 재생가능에너지법 제정은 1997년 구성된 적록연정(사민당과 녹색당의 연립정부)으로 가능하였다. 덴마크 역시 현재 생태사회주의를 강령으로 채택하고 있는 적녹연맹 의원이 179석 중 14석을 차지하며 좌파 연정 시 정부 구성에 참여한다. 반면 영국이나 프랑스에서는 녹색당 출신 후보자들의 의회 진출이 가뭄에 콩 나듯 어렵다. 영국이나 프랑스 사람들은 녹색을 싫어하는 국민인 걸까?

그럴 리 없다. 이는 온전히 선거제도 때문이다. 소선거구 다수제와 비례대표제의 차이에서 나온 결과이다. (소선거구는 선거구를 크기에 따라 나눈 것이고, 다수제와 비례대표제는 당선 결정 방식 또는 의석 배분 규칙에 따른 것이다. 그런데 소선구제는 다수제만이 적용 가능하므로 같이 붙어 다닌다.)

잉글랜드 웨일스 녹색당 출신 하원의원 캐럴라인 루커스. 2010년, 2015년에 이어 또다시 650명 중 1인의 외로운 의정활동을 하고 있다.

21세기 에너지 산업은 어디로 가는가

영국식 의회민주주의는 소선거구 다수제 방식을 토대로 세워졌다. 전국을 인구 비율에 따라 여러 개의 선거구로 나누고, 각 선거구에서 최다 득표로 지역 대표를 뽑아 의회를 구성하는 방식이다. 그러니까 몇 표를 받든 1등을 하는 후보를 동네 대표 선수로 정한다.

소선거구 다수제 선거의 장점은 선거 관리 차원에서 단순 명료하고 유권자들이 인물을 평가하기 용이하다는 점이다. 그냥 1등만 정하면 되니까 선거 관리가 편하다는 이야기이고, 내 선거구에서 나온 후보 중에 한 명을 고르는 거니까 인물 평가가 쉽다는 것이다.

다수제에도 상대 다수제와 절대 다수제 두 가지가 있다. 상대 다수제는 영국이나 우리나라 지역구 국회의원처럼 득표 비율에 관계없이 무조건 1등만 하면 당선된다. 그러다 보니 유효투표의 25퍼센트만 얻고도 국회의원 배지를 다는 운 좋은 사람도 나온다. 전체 유권자도 아니고 유효투표의 4분의 1 지지를 받았다면, 투표율이 40퍼센트일 경우 유권자 10명 중 1명만 지지한 셈이다. 이처럼 상대 다수제는 대표성에 근본적인 문제가 있다.

절대 다수제는 이런 문제를 보완하려는 데서 나왔다. 유효투표의 과반수를 얻은 후보가 있으면 그를 당선시키고, 그렇지 않으면 1, 2등 혹은 일정 비율 이상을 얻은 후보들을 결선 투표에 올린다. 무효표가 많이 나오지 않는 한, 두 명이 붙는 결선 투표에서는 과반 득표자가 나오게 마련이다. 프랑스 하원 선거는 1차에서 과반 득표자가 없을 경우 12.5퍼센트 이상을 득표한 후보자가 2차 선거에 입후보할 자격을 갖고, 2차에서는 상대 다수로 당선자를 결정한다.

소선거구 다수제는 양당제를 부추긴다

———

이런 절대 다수제는 과반 미달 당선자를 배제하여 대표성을 높이려는 것으로, 특히 대통령 선거에서는 반드시 필요한 제도이다. 대통령제를 채택하고 있는 나라들은 대부분 결선투표제를 두어 대표성을 확보하려고 한다. 우리나라와 멕시코, 필리핀, 베네수엘라 정도가 대통령 선거에서 상대 다수제를 채택하고 있는데, 과반에 미달하는 당선자의 경우 확고한 대표성을 갖추었다고 하기에는 미흡하다.

그런데 소선거구 다수제는 거대 정당에 절대적으로 유리하다. 지명도에 따라 1, 2등을 하는 후보들은 대개 1, 2위 정당의 후보들이기 십상이고, 따라서 당선자도 주로 1, 2위 정당에서 나오기 마련이

French presidential election
1st round estimate

French election 2012

28.4%	27.0%	18.3%	11.4%	9.1%

| Francois Hollande | Nicolas Sarkozy | Marine Le Pen | Jean-Luc Melenchon | Francois Bayrou |

2012년 프랑스 대선 1차 투표 결과. 사회당의 올랑드는 좌파전선 장 뤽 멜랑숑과 민주운동 프랑수아 바이루, 녹색당 에바 졸리 등과 연합하여 2차 투표에서 승리하였다.　　자료: AFP

21세기 에너지 산업은 어디로 가는가

영국 정당의 득표율과 의석수 비교

	2010년		2015년		2017년	
	득표율(%)	의석수(율)	득표율(%)	의석수(율)	득표율(%)	의석수(율)
보수당	36.1	306(47.1)	36.8	330(50.8)	42.3	317(48.8)
노동당	29.0	258(39.7)	30.4	232(35.7)	40.0	262(40.3)
자유민주당	23.0	57(8.8)	7.9	8(1.2)	7.4	12(1.8)
아일랜드 민주통일당	0.6	8(1.2)	0.6	8(1.2)	0.91	10(1.5)
스코틀랜드 국민당	1.7	6(0.9)	4.7	56(8.6)	3.0	35(5.4)
웨일스 민족당	0.6	3(0.46)	0.6	3(0.46)	0.51	4(0.62)
녹색당	1.0	1(0.15)	3.8	1(0.15)	1.63	1(0.15)
기타	8.0	11(1.69)	15.2	12(1.85)	4.3	9(1.38)

다. 결과적으로 소선거구 다수제는 양당제를 부추기는 제도이다. 2010년과 2015년, 2017년 세 차례의 영국 총선 결과를 보면 1, 2위인 보수당과 노동당은 득표율에 비해 많은 의석을 차지한다. 반면 자유민주당과 녹색당처럼 전국 정당이지만 소수당인 경우는 전체 득표율에 비해 획득한 의석수는 현저히 떨어진다.

또한 소선구 다수제는 특정 지역에서 응집표를 가진 정당에도 유리하다. 북아일랜드 보수파 정당인 민주통일당은 1퍼센트 미만의 낮은 득표율에도 불구하고 지역에서 꾸준히 8~10명의 의원을 당선시키고 있다. 2015년 3위로 약진한 스코틀랜드 국민당, 그리고 그보다 오랜 역사를 가진 웨일스민족당도 대표적인 지역주의 정당이다. 소선거구 다수제가 지역주의를 강화하는 것은 우리나라에서도 잘 드러난다. 제도가 바뀌지 않는 한 선거에서 승리하기 위해 지역주의를 이용하는 전술이 계속될 수밖에 없다.

소수파의 정치권 진입 보장하는 비례대표제

정치 세력이 다양화하면서 의회에 진출하지 못한 소수파들이 정치 불안의 요인이 되자 19세기 말부터 영국과 프랑스를 제외한 유럽 국가들은 비례대표제로 갈아타기 시작한다. 벨기에와 네덜란드는 가톨릭 세력이, 아일랜드에서는 프로테스탄트 세력이, 덴마크에서는 독일계 소수집단, 그리고 핀란드에서는 스웨덴계 소수집단이 비례대표제 도입을 이끌었다. 소수파인 사회주의계열 정당들도 여기에 힘을 보탰다. 의석 결정 방식은 나라마다 다르지만 정당 득표율에 의석수가 비례하도록 설계하는 것이 기본이다.

비례대표제를 채택한 나라들은 단일 정당의 정부가 들어서는 경우는 드물고 대개 1, 2위 정당 중에서 정책 성향에 따라 소수 정당과 손잡고 연립 정부를 구성한다. 그것이 어려울 때는 1, 2위 정당이 대연정을 펼치기도 한다. 그러다 보니 정치 세력 간의 연대 문화가 정착되고 제도화하였다.

소수 정파의 의회 진출과 연립 정부 구성은 소수 정파의 정책이 정부의 주요 정책 과제가 되고 구체적으로 반영되는 토대가 되었다. 덴마크가 1980년대 초에 원전 건설 계획을 철회한 일이나 1990년대 독일의 적록연정이 원전의 단계적 폐쇄를 결정할 수 있었던 데는 이런 생태주의 정당들의 의회 진출이 있었다.

비례대표제에서는 유권자들이 당선 가능성 때문에 차선을 택하지 않아도 된다. 자기가 지지하는 정당이나 후보에 소신껏 투표하기만 하면 된다. 정당 간 연대는 선거 후 자연스럽게 이루어진다. 그런데 소선거구 다수제에서는 정치 세력 간에 협력을 하려면 투표 전에 선거 연합을 해야 한다. 이런 선거 연합은 우리 선거에서 몇 차례 보았듯이 정책 연합은 뒷전으로 밀리고 후보 나눠먹기로 귀결된다. 그나마 이것도 거대 정당에 유리한 협상 테이블이다. 거대 정당은 사표 방지라는 명분으로 소수 정당 후보들의 양보를 요구하기 일쑤이다.

그나마 상대 다수제인 영국에서는 정당 간 선거 연합도 보기 어렵고, 절대 다수제인 프랑스에서 더러 나타난다. 지난 2012년 프랑스 사회당 올랑드 대선 후보는 결선 투표에서 녹색당과 좌파전선을 끌어들여 대통령이 된 후, 총선에서도 선거 연합을 해서 과반을 획득하였다. 이때 좌파가 우세한 지역에 후보를 낼 수 있었던 녹색당이 17석을 차지해 이전 선거의 3~4석에서 비해 약진할 수 있었으나, 선거 연합이 이루어지지 않은 2017년 6월 선거에서는 겨우 1석을 건졌다.

하지만 선거 연합이 없는 영국 총선에서 녹색당은 역사상 세 번, 단 1명의 당선자를 냈을 뿐이다. 반면 보수당은 2015년 선거에서 전체 득표율 36.9퍼센트를 얻었지만 의석수는 330석으로 과반을 넘었다. 3분의 1을 겨우 4퍼센트 넘긴 득표를 했지만 과반수 의석을 차지함으로써 보수당은 정책 결정을 독점할 수 있었다.

영국에서도 2010년 자유민주당이 제3당으로 부상하여 보수당과 연립정부를 세운 뒤 비례대표제로 변경하려는 움직임이 있었지만, 2015년 선거에서 보수당이 단독 과반을 차지함으로써 유야무야되었다. 보수당이 또다시 자민당과 연립정부를 구성해야 하는 상황이었다면 선거법 개정도 탄력을 받았을 것이다. 본래 법에 따라 이익을 보는 자와 손해를 보거나 별 이득이 없는 자들이 생기게 마련이고, 이런 이해관계에 따라 법조문 하나 고치는 것도 힘겨루기를 해야 한다. 하물며 선거법은 법을 고치는 국회의원 자신들의 당락이 걸린 사안이기 때문에 제대로 고치기가 가장 어려운 법이다.

깨끗한 에너지 정책 다루는 국회를 기대한다

———

현재 세계 여러 나라가 각자 발전시켜온 비례대표제 방식으로 의회를 구성하고 있다. 그중 가장 많은 지지를 받는 방식이 독일식 인물 본위 비례대표제이다. 독일식은 의석수를 정당 득표율에 따라 결정하므로 비례대표제이지만, 지역구에서 당선된 사람들에게 우선권을 줌으로써 소선거구제의 장점을 혼합한 방식이다. 비례대표제의 정당 지지도 반영, 소선거구제의 인물 투표라는 두 선거제도의 장점을 절묘하게 결합했다는 데서 가장 선진적인 선거제도로 평가된다.

우리나라와 일본은 소선거구 다수제와 비례대표제를 혼합하였다. 하지만 의석수를 지역구와 비례대표로 나누고 지지 정당투표는 비례대표 결정에만 반영함으로써 비례대표의 장점이 온전히 반영되지 못하는 얼치기 혼합 방식이다. 우리나라의 경우 253석은 승자 독식이 적용되고 47석에만 표의 등가성이 반영된다.

이 때문에 매번 비례대표제를 강화한 선거법 개정을 요구하는 목소리가 있었다. 1, 2위 당이 지배하는 국회의 협상 테이블에서 늘 가장 먼저 젖혀지거나 맨 뒤까지 남아 회기와 함께 자동 폐기되는 운명을 겪었지만 말이다. 헌법재판소가 2014년 10월 국회의원 선거구별 인구 편차를 3대 1로 허용한 것은 위헌이라는 결정을 내리고 2대 1로 조정할 것을 권고하였을 때도 기회였다.

국회는 공직선거법을 개정할 수밖에 없었고 중앙선거관리위원회는 전국을 6개 권역으로 나누고 권역별로 지역구와 비례대표의 비율을 2대 1로 하는 '권역별 비례대표제'를 제안하였다. 눈여겨볼 것은 권역별 의석 할당 방식이다. 선관위는 권역별 정당 의석수를 정당 득표율에 따라 결정하도록 제안하였다. 그렇게 전체 의석 배분을 결정한 뒤 지역구 당선 의원을 제외한 나머지를 비례대표로 채우는 방식으로, 이제까지 나온 선거제 개선 방안 중 가장 선진적인 방안이었다.

전체 의석을 정당 득표에 따라 결정하는 기준의 도입은 1인 2표의 도입만큼이나 중요한 전기가 될 것이다. 사표를 방지하고 표의 등가성을 확보하는 방향으로 한 걸음 나아가는 것으로, 이런 방식에 지역구와 비례대표가 1대 1이 되면 그게 바로 독일식 인물 본위 비례대표제이다.

당시 야당에서는 이런 정신을 반영한 개정안을 내기도 했지만, 과반 의석을 차지하고 있던 새누리당은 차일피일 날짜를 미뤄 법정 시한을 넘겨가며 기존 법안에 지역구만 조정하고 비례대표 의원수를 줄이는 것으로 개정을 완료하여 제20대 국회가 구성되었다. 현재 국회의 구성은 여전히 화석연료와 핵에너지를 중시하는 자유한국당이 제2당이며 이에 동조하는 바른미래당 다수까지 합하면 과반을 차지한다. 안전하고 깨끗한 에너지 정책이 국회를 통과하기 어려운 까닭이다.

 21세기 에너지 산업은 어디로 가는가

태양광발전 9문9답

그동안 우리가 에너지 산업과 관련해 방송과 언론에서 접할 수 있었던 것은 원전 홍보 일색이었다. 텔레비전 광고에서 태양광발전을 볼 수 있었던 것은 한화가 독일의 태양전지 업체 큐셀을 인수한 2012년 하반기 이후이다.

그뿐만 아니라 화석연료와 원전 중심으로 이루어진 에너지 수급 체계가 워낙 공고하다 보니 재생가능에너지에 대한 근거 없는 비난마저 공공연히 유포되는 현실이다. 태양광발전에 대한 기초적인 이해를 돕고 오해를 풀고자 가장 많이 묻는 질문에 대한 짧은 답변을 준비하였다.

1. 태양광에너지와 태양열에너지는 무엇이 다른가?

태양은 빛의 속도로도 8분19초가 걸릴 정도로 멀리 있지만 사실 지구의 에너지는 대부분 태양으로부터 주어지는 선물이다. 태양은 핵융합으로 만들어진 엄청난 열에너지를 전자기파 형태로 사면팔방에 복사한다. 그렇게 해서 지구 표면에 도달하는 태양에너지는 1제곱미터당 700와트 정도. 이게 얼마만큼의 에너지일까? 마당의 평상에 누워보자. 봄이면 따듯하고 여름이면 아주 뜨거울 것이다. 딱 그만큼의 에너지이다.

인류는 오래전부터 태양에너지를 사용해왔다. 남향으로 집을 짓고 창문을 내거나 차양을 두르는 것은 모두 태양열을 잘 받거나 들어오지 못하도록 하는 장치였다. 가장 발달된 형태는 집열판을 통해 온수를 만들어 냉난방에 이용하는 태양열 집열기인데, 우리나라도 1980년대부터 사용하고 있다. 이렇게 태양에너지를 열에너지로 변환하여 사용할 때 태양열에너지라는 표현을 쓴다.

그런데 영악한 인간들은 햇빛을 받아 바로 전기를 생산하는 방법을 알아냈다. 햇빛의 에너지가 반도체의 전자를 들뜨게 해서 이동하게 만든 것이 바로 태양전지이다. 태양전지는 생산비가 너무 비싸 1960년대는 인공위성에나 쓰였다. 그러나 생산가격이 낮아지면서 전기선을 끌어가지 못하는 외진 곳의 신호기 등에 쓰이기 시작하더니 1990년대부터는 대놓고 발전 설비 자리를 차지하고 들어왔다. 이렇게 태양에너지를 바로 전기에너지로 바꾸어 사용하는 것은 태양광발전이라고 한다. 이와 달리 태양열발전도 있다. (9번 질문)

21세기 에너지 산업은 어디로 가는가

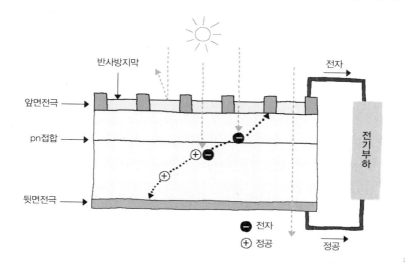

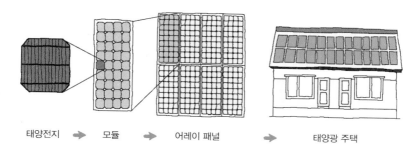

태양전지 ➡ 모듈 ➡ 어레이 패널 ➡ 태양광 주택

태양광발전기. 햇빛으로 직방 전기를 만든다. 식물의 광합성보다 효율이 높다.

2. 그렇다면 태양광에너지와 태양열에너지의 장단점 및 효율은 어떠한가?

한 집에서 태양광에너지와 태양열에너지 둘 다 이용할 수 있다. 패시브 하우스라는 말을 들어봤을 것이다. 에너지 효율을 극대화하는 이 주택은 벽이나 창, 집안 공기 흐름 등 집 구조 자체를 태양열에너지를 최대한 이용할 수 있도록 만든다. 공간만 있다면 한쪽에는 태양광발전기, 다른 한쪽에는 태양열 집열기를 달면 된다. 태양에너지를 이용하는 방식이 다른 것이니 입맛에 맞춰 하면 된다.

지구상에서 태양에너지를 직접 이용하는 대표 선수는 식물이다. 풀과 나무는 태양에너지를 받아 광합성을 통해 탄수화물이라는 화학에너지를 만든다. 석탄과 석유, 천연가스도 바로 수억 내지 수십억 년 전에 식물들이 만들어낸 탄수화물의 엑기스이다. 식물의 광합성 효율은 3~6퍼센트 정도이다. 그런데 요즘 우리가 설치하는 태양전지의 효율은 13~17퍼센트 정도 된다. 인류가 식물을 제친 셈이다.

2015년 기준 우리나라 가구당 월평균 전력소비량이 223킬로와트시였다. 지붕이나 옥상에 태양광 패널 10장을 설치하면 월평균 발전량이 이보다 많다. 아파트 난간에 설치하는 미니 태양광 발전은 양문형 냉장고 1대를 돌릴 수 있는 전기를 생산한다.

3. 태양광에너지와 태양열에너지는 현재 어디까지 발전하였나?

2017년 말을 기준으로 지구상에는 모두 402기가와트의 태양광 발전기가 설치되었다. 원전 40기쯤 되는 양이다. 해마다 설치량이

21세기 에너지 산업은 어디로 가는가

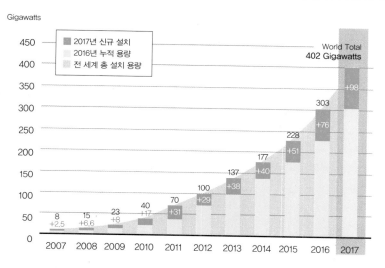

태양광발전의 증가 속도가 가파르다. 그러나 우리나라는 거북이걸음이다.

자료: REN21

급증하고 있는데 2017년 한 해에만 98기가와트가 설치되었으니 매 시간마다 3만 8000개의 태양광 패널이 설치되는 셈이다.

누적 설치 용량이 가장 많은 나라는 중국이다. 세계 1위는 미국 에서 일본(1997년), 독일(2005년)을 거쳐 2015년 중국으로 넘어갔다. 중국은 지난 한 해 새로 설치된 태양광발전 설비의 54퍼센트, 즉 절 반 이상을 차지하였다. 중국은 재생가능에너지 분야에서 뛰어넘기 를 하고 있다. 전 세계 태양열 이용 설비의 71퍼센트는 중국에 있다.

중국이 재생가능에너지에 힘을 쏟는 이유는 급속한 경제 성장에 맞춰 필요한 에너지 수요를 충당하기 위해서이다. 늘어나는 전력

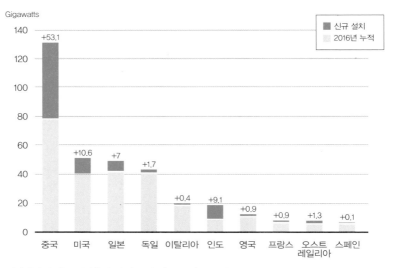

Gigawatts

■ 신규 설치
▨ 2016년 누적

태양광발전 신규 설치용량 상위 10개국(2017년). 중국은 재생가능에너지 분야에서 뛰어넘기를 하고 있다.

자료: REN21

수요를 화석연료나 원전으로 메울 수 없기 때문이다. 치명적인 수준까지 심각해진 대기오염은 석탄발전에 제동을 걸고, 원전도 안정성 때문에 마냥 늘릴 수는 없다.

태양광발전 산업, 풍력 산업 등 재생가능에너지 산업이 발전하여 세계 수준으로 올라선 것은 덤이다. 중국은 우리가 반도체와 무선통신에서 뛰어넘기를 했듯이 재생가능에너지 분야에서 뛰어넘기를 하고 있다.

4. 집에 태양광 전지판을 설치하고 싶다. 가령 1년에 10만 원 정도

21세기 에너지 산업은 어디로 가는가

의 전기료를 절약하려 한다면 초기비용은 얼마나 들까? 그리고 아파트에 사는데도 개인적으로 태양광 전지판을 사용할 수 있을까?

자가 소비용으로 패널 4장만 설치해도 1년에 10만 원 이상 절감된다. 그런데 자가소비용으로 태양광발전을 하는 것은 아직 경제성이 없다. 1킬로와트시를 110원이면 사서 쓸 수 있는데 집에서 생산하려면 200원 이상 들어간다. 그래서 사람들이 정부 보조금을 받아서 설치하려고 하는 것이다.

자기 돈 내고 설치한 사람들에게는 정부가 생산가를 보장하기 위한 지원 제도를 시행하고 있다. 그런데 '발전사 의무공급제RPS'라는 현재의 지원 제도는 소규모 태양광발전 사업자들이 수익을 내기가 쉽지 않은 구조이다. 게다가 자기 집 옥상에 올린 사람도 발전사업자로 등록하고 인증서 판매를 위해 입찰에 나서야 하니 무척 번거롭다.

그래서 햇빛발전협동조합 등에서 요구하는 것이 독일처럼 매년 기준 가격을 정해서 한전이 모두 구매하게 해달라는 것이다. 독일과 일본에서 태양광발전이 크게 늘어난 것은 바로 이 기준 가격 의무 구매 제도FIT 덕이다.

문재인 정부에서는 소규모 태양광발전(개인 30킬로와트, 협동조합 100킬로와트 이하)에 대해 절차를 일부 간소화한 한국형 FIT를 실시하고 있으나 효과는 미지수이다.

아파트 난간에 설치하는 미니 태양광발전기 보조 사업은 전국적으로 시행되고 있다. 절반 정도의 비용을 보조하니 해볼 만하다. 3~5년이면 초기비용을 회수할 수 있다. 미관, 안전 등의 이유로 더러 반대하는 아파트 단지가 있어 언론에 오르내리기도 하였다.

5. 눈이나 비가 오면 효율성이 0에 가까운가? 한 달에 흐린 날이 절반이면 달지 않는 게 나을까?

그렇다. 햇빛이 없으면 발전할 수 없다. 흐린 날도 양은 적지만 발전은 한다. 우리 동네 발전소(부천시민햇빛발전협동조합 1호기 40킬로 와트)에서 지난 몇 년간 겪은 바로는 일평균 3.5시간을 최대 용량으로 발전한다고 보면 된다.

어떤 에너지원으로 발전을 할 것인가는 소비자의 선택에 달려 있다. 석탄과 석유, 가스, 우라늄을 돈 들여(연간 130조 원) 사다가 전기를 만들 것인지, 공짜로 주어지는 태양에너지 알뜰히 모아 전기를 만들고 그 돈으로 살림에 보탤 것인지 결정하는 것은 스스로의 몫이다. 깨끗해지는 환경은 덤이다.

6. 실제로 태양광 전지판을 달아도 대단히 전기료가 절약되지는 않는다는 말을 들었다. 정말인가?

몇 년째 우리 집 전기요금은 한 달에 2만원을 조금 넘는 수준이다. 10퍼센트를 절감하면 2000원, 절반을 절감해도 1만 원이다. '대단히' 절약이 되는 것은 아니다. 우리나라 가구당 월평균 전기요금이 2만 5000원가량이다. 전기료가 그만큼 싼 셈이다. 싸니까 물 쓰듯 하는 것이다. 그러나 누진제로 여름과 겨울철에 3구간으로 넘어가는 집은 효과가 더 크다

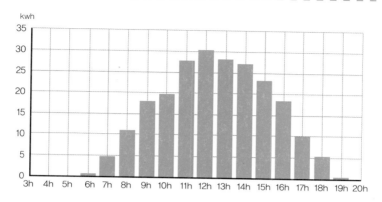

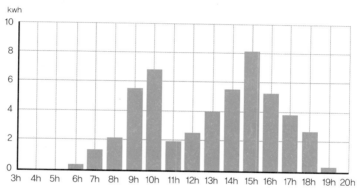

위쪽은 맑은 날, 아래쪽은 흐린 날 우리 동네 협동조합 발전기 생산량이다.
흐린 날도 소량 발전한다.

7. 한국은 태양에너지를 이용하기 적절하지 않은 지형이라고 들었다.

'선풍기 틀어놓고 자면 죽는다.'라는 말은 외국인들이 뽑은 한국에서 들은 가장 웃기는 이야기란다. 그런데 이제 곧 순위가 바뀌어 이 질문이 1위로 올라설 듯하다.

중위도에 있는 우리나라는 하루 종일 땡볕이 내리쬐는 사막에 비하면 훨씬 적은 태양에너지가 주어진다. 적도에서 극지방으로 올라갈수록 일사량이 줄어드는 것은 상식이다. 그런데 태양광발전 설비 세계 3위인 독일은 우리보다 북쪽에 있는 나라이다. 실제 일사량을 비교해보면 우리나라가 독일보다 1.5~2배 많다.

8. 태양광 전지판은 자주 보는데 개인 풍력에너지를 본 기억은 없다. 개인 풍력에너지를 쓸 수는 없는가?

쓸 수 있다. 그런데 풍력발전은 크기가 작아질수록 효율이 떨어

바레인 세계무역센터에 설치된 풍력발전기

21세기 에너지 산업은 어디로 가는가

진다. 풍력발전기는 터빈을 돌려 발전을 한다. 옛날 자전거를 타본 사람은 바퀴로 발전기를 돌려 전조등을 켜본 경험이 있을 것이다. 회전을 통해 전기를 만들기란 그렇게 힘들다.

이따금 가로등에 소형 태양광 전지판과 풍력발전기가 함께 달려 있는 걸 볼 수 있다. 둘 중 풍력발전의 비중은 크지 않다. 홍보 효과를 노린 셈이다.

그러나 연중 바람이 많은 곳이나 벤츄리 효과가 있는 도심의 빌딩 숲은 소형 풍력발전도 시도해볼 만하다. 효율도 점점 높아질 것이다.

9. 바보 같은 질문처럼 보이는데, 태양빛을 거울로 반사해 에너지를 좀 더 얻을 수 있는 방법은 없는가?

바보 같은 질문이 아니다. 태양열 집열판도 홈통을 만든다든가 하는 방법으로 햇볕을 모으는 구조와 장치를 취한다.

미국, 스페인 등 햇볕이 좋고 넓은 땅이 있는 나라에서는 사방에 거울을 설치하고 햇빛을 모아 태양열발전을 한다. 그 열로 증기를 만들어 터빈을 돌리든지, 공기의 흐름을 만들어 발전하는 것이다. 그 나라에서는 경제성이 있지만 우리나라에서는 경제성이 없는 방식이니 욕심 내지 말자.

끝으로 미국 사람들이 발전 사업에 투자할 때 들여다보는 표를 하나 소개한다. 지금 발전소를 지으면 발전원별로 생산비가 얼마나 들지 투자회사 라자드가 계산한 것이다. 당신은 어디에 투자하겠는가?

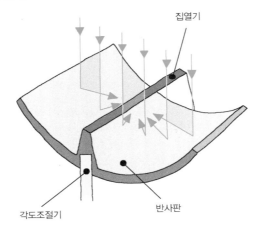

집열기

각도조절기

반사판

태양열을 모으는 집열기

미국 캘리포니아에 있는 태양열발전소. 열을 중앙 첨탑 상부로 모은다.

21세기 에너지 산업은 어디로 가는가

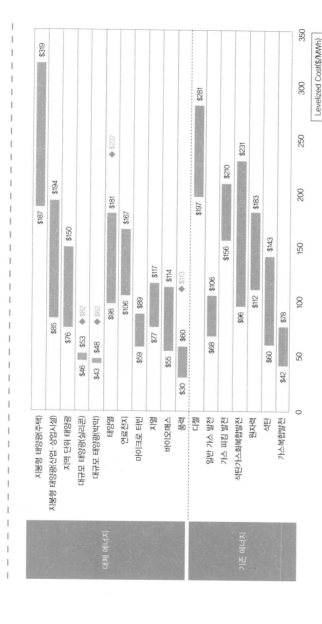

에너지원별 전력 생산비용(LCOE)

자료: Lazard, Levelized Cost of Energy, 2017.11.2.

대한민국 에너지 산업 어디로 가는가?

에너지 생태계가 바뀌고 있다

초판 1쇄 인쇄 | 2018년 10월 25일
초판 1쇄 발행 | 2018년 11월 5일

지은이 신동한
기획 파트너 딴지일보 편집부
책임편집 손성실
편집 조성우
마케팅 이동준
디자인 권월화
일러스트 Design oxo 이혜원
용지 월드페이퍼
제작 성광인쇄(주)
펴낸곳 생각비행
등록일 2010년 3월 29일 | 등록번호 제2010-000092호
주소 서울시 마포구 월드컵북로 132, 402호
전화 02) 3141-0485
팩스 02) 3141-0486
이메일 ideas0419@hanmail.net
블로그 www.ideas0419.com